Poesía medieval

Edición de
Víctor de Lama

PENGUIN CLÁSICOS

Papel certificado por el Forest Stewardship Council®

MIXTO
Papel | Apoyando la silvicultura responsable
FSC® C117695

Penguin Random House Grupo Editorial

Colección «Clásicos comentados», dirigida por José María Díez Borque, Catedrático de Literatura Española de la Universidad Complutense

Primera edición en Penguin Clásicos: enero de 2018
Tercera reimpresión: enero de 2026

Printed in Spain – Impreso en España

ISBN: 978-84-9105-367-5
Depósito legal: B-23.012-2017

Compuesto en M. I. Maquetación, S. L.
Impreso en Arcángel Maggio Europa S. L.

PG 5 3 6 7 A

Índice

Introducción 9
1. Perfiles de la época 9
2. Cronología 14
3. Poesía medieval 22
4. Opiniones sobre la obra 42
5. Bibliografía esencial 46
6. La edición 50

Poesía medieval 53

Introducción

1. Perfiles de la época

Si exceptuamos la literatura hispanolatina y las jarchas mozárabes, el resto de la poesía que aquí recogemos pertenece a los siglos XIII, XIV y XV, es decir, a la época conocida como Baja Edad Media, los tres siglos finales de la Edad Media, que se extiende a lo largo de mil años. Pero nada se puede entender sin tener presentes las líneas maestras de la historia anterior.

La caída del Imperio Romano de Occidente, ya cristianizado, en el siglo V (suele citarse la fecha de 476, cuando Teodorico entra victorioso en Roma), trajo consigo en los dominios de la Romania la irrupción de pueblos germánicos más o menos militarizados. A la península Ibérica llegaron a comienzos del siglo V suevos, alanos y vándalos con un notable espíritu guerrero. Pronto llegó procedente del sur de Francia el pueblo visigodo, latinizado y cohesionado por su creencia en el arrianismo, una modalidad del cristianismo. Aunque no impusieron su lengua, dejaron cierto influjo en las variedades del latín vulgar que se hablaban en la Península y también en la práctica del derecho. Una figura importante de este período fue San Isidoro de Sevilla, autor de las *Etimologías*, obra muy influyente en el Occidente cristiano durante toda la Edad Media. La invasión árabe a principios del siglo VIII (711) y el inicio a los pocos años de la resistencia en el norte (batalla de Covadonga, año 721) incrementó con el tiempo la cohesión de los hispanovisigodos frente al enemigo musulmán. Entretanto en la España musulmana se asentó una sociedad militarmente poderosa, de brillante cultura y tolerante con las costumbres y la lengua de los vencidos. Además, la situación de relativa tolerancia en la península Ibérica propició el establecimiento de prósperas comunidades judías. Así, durante ochocientos años (siglos VIII al XV) España fue frontera cambiante y lugar de asiento de tres culturas, la musulmana, la cristiana y la judía, permeables a muchos intercambios culturales. Baste señalar los ejemplos de las jarchas mozárabes, la incorporación a Occidente de la medicina o la cuentística oriental, el conocimiento de Aristóteles a través de Averroes, los logros de la Escuela de Traductores de Toledo, la obra alfonsí o la originalidad de obras como el *Libro de Buen Amor* o la *Celestina* en un contexto europeo.

Al reino cristiano de Asturias le sucedió el reino de León, que dominó durante mucho tiempo a Galicia, relativamente autónoma, y a Castilla, un condado al principio y luego reino independiente. La importancia política de Galicia viene dada por la independencia en el sur del condado de Portugal, que a mediados del siglo XII se convirtió en reino independiente. Tras varios intentos fallidos, la unificación definitiva de los reinos de Castilla y León con Fernando III el Santo iba a suponer el avance final de la Reconquista. En el este peninsular Cataluña estuvo durante largo tiempo dominada por los francos mediante la llamada Marca Hispánica y vinculada a Provenza por lazos matrimoniales y políticos. El reino de Navarra llevó una existencia independiente hasta que en 1512 Fernando el Católico la anexiona a los reinos de Castilla y de Aragón.

La frontera entre cristianos y musulmanes se modifica de forma muy discontinua; y a episodios de guerra relativamente breves siguen largos períodos de treguas y de paz relativa. En torno al año mil ya había sido reconquistado por los reinos cristianos el valle del Duero. Las incursiones de Almanzor en los dominios cristianos hasta su definitiva derrota en Calatañazor (1002) no constituyeron una seria amenaza para los reinos del norte. El valle del Tajo se ganaría casi cien años después con la reconquista de Madrid y de Toledo por parte de Alfonso VI, en 1085. Los avances más significativos de la Reconquista tendrían lugar en la primera mitad del siglo XIII: victoria sobre los almohades en las Navas de Tolosa (1212), conquista del bajo Guadalquivir por Fernando III el Santo (con quien se unen definitivamente Castilla y León desde 1230), expansión portuguesa por el Alentejo y el Algarve, y ocupación catalano-aragonesa de Valencia y Mallorca. Sólo quedaba en poder musulmán el reino de Granada y con este vecino del sur los reinos cristianos pudieron vivir más de dos siglos en relativa paz.

La expulsión de los musulmanes del reino de Granada en 1492 marca el final de la Edad Media en el mundo hispánico.

Estas circunstancias políticas van a tener implicaciones lingüísticas decisivas. En torno al año mil el latín vulgar hablado en la España heredera de los visigodos ya ha cristalizado en cinco dialectos románicos que nos ofrecen sus primeros textos escritos; de oeste a este son los siguientes: el gallego-portugués, el leonés, el castellano, el aragonés y el catalán. Durante la Edad Media sólo el gallego-portugués, el castellano y el catalán ofrecieron obras literarias con reconocida autonomía;

con todo, los rasgos dialectales leoneses y aragoneses han sido señalados por la crítica en muchas obras literarias castellanas. Bajo el dominio musulmán, los hispanovisigodos de Al-Andalus se expresan en dialecto mozárabe, variedad del latín vulgar contaminada por las lenguas árabe y hebrea; las jarchas son el único testimonio de esa lengua mozárabe. La lengua vasca, carente de escritura propia y poco permeable a la romanización, recurriría también en los siglos medievales a los caracteres latinos para ofrecer sus primeros textos escritos.

Los orígenes de cada una de las literaturas se pierden en la noche de los tiempos; se acepta como verdad incuestionable que antes de haber una literatura escrita ha existido una tradición oral, especialmente en los géneros populares y tradicionales. Y de los testimonios escritos, seguramente hayamos perdido los más antiguos. Es habitual observar que muchas obras literarias del siglo XIII o del XIV se han conservado en manuscritos del XV y que de algunos géneros, como la épica, se ha perdido la gran mayoría de los textos. El libro de Alan Deyermond, *La literatura perdida de la Edad Media castellana. Catálogo y estudio*, I. *Épica y romances* (Salamanca, Universidad, 1995) nos permite apreciar hasta qué punto es cierto que conservamos de la Edad Media sólo una exigua parte de lo que se escribió y, dado que unos textos pudieron sobrevivir con más facilidad que otros –compárese la pervivencia de textos históricos frente a la poesía popular–, debemos pensar que posiblemente la imagen que tenemos de algunos géneros resulta distorsionada por este motivo.

Hay razones poderosas para que a partir del siglo XIII se experimente en la Península un florecimiento literario. El renacimiento cultural que en Europa se desarrolla en el siglo XII se vive en España con cierto retraso, quizá por hallarse sumida en la Reconquista. La Escuela de Traductores de Toledo, fundada en la segunda mitad del siglo XII, habría tenido en este renacimiento un papel meramente transmisor de la cultura clásica y árabe hacia Europa. Recordemos que su principal función fue la de traducir textos árabes o hebreos al latín para divulgarlos por las nacientes universidades y centros de cultura europeos. En España resultan determinantes ciertos acontecimientos que se produjeron a principios del siglo XIII. En primer lugar la victoria de las Navas de Tolosa (1212), para la que fue necesaria la concurrencia de todos los reinos cristianos, el ambiente de euforia y estabilidad conseguida con Fernando III, el nacimiento de las primeras universidades (Palencia y Salamanca), la construcción de las grandes catedrales góticas (León, Burgos, Toledo) o la introducción del verso alejandrino y la cuaderna vía como vehículo de una poesía narrativa culta en lengua vernácula. Y en el ámbito gallego-portugués, desde finales del siglo XII y como consecuencia directa de las peregrinaciones a Santiago, resulta significativo el cultivo de una poesía de inspiración provenzal.

En la segunda mitad del siglo XIII, el impulso del rey Sabio a la historiografía, al derecho y a la poesía, y la relativa estabilización de la Reconquista propician el cultivo de las letras. También contribuyó a ello el desarrollo de las ciudades y el triunfo de los valores de la burguesía, sobre todo desde el siglo XIV, mayormente sustentada por la mentalidad de los judíos y de los conversos. Por otro lado, el incremento de los títulos nobiliarios a lo largo del siglo XV contribuyó a formar un grupo social ocioso que buscaba en la poesía el medio más directo de medrar, sin olvidar que las aficiones literarias de los últimos monarcas de la dinastía

Trastámara (Juan II, Enrique IV e Isabel la Católica) iban a ser factores determinantes en el cultivo de la poesía en el otoño de la Edad Media.

2. Cronología

AÑO	AUTOR-OBRA	HECHOS HISTÓRICOS	HECHOS CULTURALES
1042	Datación más antigua de una jarcha.		
1059		Se pone fin a la intromisión del Imperio en los Estados Pontificios; los papas serán elegidos por los cardenales.	
1081		Destierro del Cid.	
1085		Alfonso VI reconquista Madrid y el mismo año Toledo, todo un símbolo por haber sido ésta la antigua capital visigoda.	
1099		Muere Rodrigo Díaz de Vivar, el Cid.	
1100		Gelmírez es nombrado obispo de Santiago de Compostela y facilita e impulsa las peregrinaciones.	
1135		Alfonso VII se proclama emperador en León.	
1143		Independencia del reino de Portugal.	
1144		Al-Andalus se divide en numerosos reinos de taifas.	
1146		Desembarco en la Península de los almorávides.	
h 1160 1170	Composición de los *Carmina Rivipullensia.*		
1172		Los almohades venidos del norte de África logran reunificar Al-Andalus.	
1198			Muere Averroes.

AÑO	AUTOR-OBRA	HECHOS HISTÓRICOS	HECHOS CULTURALES
1199		Muere Ricardo Corazón de León.	
1202		Fuero de Madrid.	
1203			Se funda la Universidad de Siena y se inicia la construcción de su catedral.
1205	Fecha aproximada de *La fazienda de ultramar.*		
1206		Domingo de Guzmán: Orden de Predicadores, los dominicos.	
1207	Probable fecha de copia (o composición) del *Poema de Mio Cid* por Per Abbat.		
1210			Se empieza a construir la catedral de Reims. Universidad de París.
1212		Victoria de los cristianos peninsulares en las Navas de Tolosa.	Se crea la Universidad de Palencia, la más antigua de la península Ibérica.
1213		Comienza el reinado de Jaime I de Aragón.	
1214			Universidad de Bolonia.
1215		Se celebra el IV Concilio de Letrán, en el que se condena a los albigenses.	
1217		Inicia su reinado Fernando III el Santo.	
1220			Se levanta la Torre del Oro de Sevilla. Universidad de Salamanca.
1221		Nace el futuro rey Alfonso X.	
1222			Inicio de las catedrales de Burgos y de Toledo. Universidad de Padua.
1224			Universidad de Nápoles.

AÑO	AUTOR-OBRA	HECHOS HISTÓRICOS	HECHOS CULTURALES
1225	En torno a esta fecha se componen *La razón feita de amor* y el *Libro de Alexandre*.		Nace Santo Tomás de Aquino.
1229			Se fundan las universidades de Montpellier y de Toulouse.
1230		Fernando III une definitivamente Castilla y León.	
1232 1234			Nace Ramón Llull.
1236	Lucas de Tuy termina su *Chronicon mundi*.	Fernando III conquista Córdoba.	
1240	Fecha aproximada del *Libro de Apolonio*.		
1248	*Poema* de Fernán González.	Fernando III conquista Sevilla.	Se crea la Universidad de Oxford.
1250	En torno a esta fecha Berceo escribe los *Milagros de Nuestra Señora*.	Redacción del Fuero General de Navarra.	
1251	Alfonso X, aún príncipe, manda traducir del árabe el *Libro de Calila e Dimna*.		
1252		Alfonso X, rey.	
1253	Don Fadrique, hermano de Alfonso X, manda traducir del árabe el *Sendebar*.		Fundación de la Sorbona.
1258		Nace Sancho IV, hijo y sucesor de Alfonso X. Por el Tratado de Corbeil, Jaime I de Aragón renuncia a sus derechos en el sur de Francia.	
1260		Se consagra la catedral de Burgos.	Se crea la Universidad de Valladolid.
1262		Fundación de Ciudad Real y conquista de Cádiz.	

AÑO	AUTOR-OBRA	HECHOS HISTÓRICOS	HECHOS CULTURALES
1264			En torno a esta fecha muere Berceo.
1265			Ramón Llull abandona la vida cortesana.
1282		Rebelión de Sancho IV contra su padre.	Nace don Juan Manuel.
1284		Muere Alfonso el Sabio. Le sucede su hijo Sancho IV sin que llegaran a reconciliarse.	
1291		Comienza la expansión mediterránea catalano-aragonesa bajo Jaime II.	
1292		Sancho IV, conquista de Tarifa	
1293	*Castigos e documentos* del rey don Sancho. Fecha aproximada de la *Gran conquista de ultramar.*		Sancho IV crea los Estudios Complutenses, germen de la Universidad de Alcalá.
1295		Muere Sancho IV. Fernando IV, rey de Castilla. Regencia de Mª de Molina.	
1300		Fundación de Bilbao.	Nace don Sem Tob.
1301		Se declara la mayoría de edad de Fernando IV.	Se crean las universidades de Córdoba y de Lérida.
1302	*Libro del Caballero Cifar.*		
1304			Nace Petrarca.
1305		Cisma de Occidente: los papas se trasladan a Aviñón (hasta 1378).	
1312		Muere Fernando IV. Alfonso XI, rey de Castilla con sólo un año. Regencia de nobles y de María de Molina.	

AÑO	AUTOR-OBRA	HECHOS HISTÓRICOS	HECHOS CULTURALES
1320			Dante termina la *Divina Comedia.*
1321		Muere María de Molina.	Muere Dante.
1325		Muere don Denís de Portugal. Con catorce años Alfonso XI es declarado mayor de edad.	
1326	Don Juan Manuel: *Libro del Caballero y del Escudero.*		
1327			El día de Viernes Santo Petrarca conoce a Laura en la iglesia de Santa Clara de Aviñón.
1330	¿Primera versión del *Libro de Buen Amor*?		
1332			Nace Pedro López de Ayala.
1335	Don Juan Manuel termina *El Conde Lucanor.*		
1337		Comienza la Guerra de los Cien Años entre Francia e Inglaterra.	
1340		Alfonso XI vence a los benimerines en la batalla del Salado.	
1343	¿Segunda versión del *Libro de Buen Amor*?		
1344		Toma de Algeciras en la que participa don Juan Manuel.	
1348	Se compone el *Poema de Alfonso Onceno.*	Primera oleada de la peste negra.	Muere don Juan Manuel. Boccaccio comienza el *Decamerón.*
1350		Muere Alfonso XI. Pedro I, rey de Castilla.	

AÑO	AUTOR-OBRA	HECHOS HISTÓRICOS	HECHOS CULTURALES
1351		Comienza la lucha de los Trastámaras contra Pedro I.	
1369		Empieza a reinar Enrique II, después de asesinar a su hermano Pedro I.	
1370			Fecha aproximada de la muerte de Sem Tob.
1371		Enrique II crea la Audiencia para la administración de justicia.	
1379 1390		Reinado de Juan I.	
1385		Juan I instituye el Consejo Real en las Cortes de Valladolid. Derrota del ejército de Juan I en Aljubarrota ante los portugueses.	Pedro López de Ayala, preso en Portugal.
1390 1406		Reinado de Enrique III.	
1391	*Danza de la muerte.*	Importante persecución de los judíos (pogroms).	
1398		Nace Íñigo López de Mendoza.	
1406 1454		Reinado de Juan II.	
1407			Muere don Pedro López de Ayala.
1412		Duros ordenamientos contra judíos y mudéjares. Compromiso de Caspe: es nombrado rey de Aragón Fernando de Antequera, tío de Juan II de Castilla y padre de los célebres infantes de Aragón.	
1416		Muere Fdo. de Antequera. Le sucede su hijo Alfonso el Magnánimo.	

AÑO	AUTOR-OBRA	HECHOS HISTÓRICOS	HECHOS CULTURALES
1440	*Cancionero de Baena.*		Fecha probable del nacimiento de Jorge Manrique.
1442		Alfonso V el Magnánimo conquista el reino de Nápoles. La Audiencia recibe el nombre de Chancillería y fija su sede en Valladolid.	Hans de Colonia inicia las torres de la catedral de Burgos y la Cartuja de Miraflores. Se inicia la catedral de Sevilla.
1444	Juan de Mena: *Laberinto de Fortuna.* Marqués de Santillana: *Comedieta de Ponza.*		
1445		Don Álvaro de Luna vence a los nobles rebeldes en Olmedo.	
1448	Gutierre Díez de Games: *El Victorial.*		
1451		Comienza la guerra civil en Navarra y cae prisionero el Príncipe de Viana.	
1452			Nace Leonardo da Vinci. Muere Juan Rodríguez del Padrón.
1453	Marqués de Santillana: *Doctrinal de privados.*	Fin de la Guerra de los Cien Años con la victoria francesa en Castillon. Constantinopla es conquistada por los turcos. Álvaro de Luna es decapitado en Valladolid.	
1454 1474		Reinado de Enrique IV.	
1456			Muere Juan de Mena. François Villon: *Lais.*

AÑO	AUTOR-OBRA	HECHOS HISTÓRICOS	HECHOS CULTURALES
1458		Muere Alfonso V el Magnánimo, dejando Aragón a su hermano Juan II y Nápoles a su hijo Ferrante.	Muere el Marqués de Santillana. Nace Sannazaro.
1459			Muere Ausias March.
1461			Muere Carlos de Viana.
1462	Por esta fecha se recopiló el *Cancionero de Estúñiga*.	Acuerdos en Aragón con Luis XI de Francia, a la que se cede el Rosellón y la Cerdaña.	
1464	*Coplas de Mingo Revulgo*.		
1465		Los nobles proclaman en Ávila a don Alfonso, hermanastro de Enrique IV.	Nacen Erasmo y Gil Vicente.
1468		Muere el infante don Alfonso. Por el Tratado de los Toros de Guisando, Isabel, hermana del difunto, es aceptada como heredera.	
1469		Boda de Isabel de Castilla y Fernando de Aragón.	Nace Nicolás Maquiavelo.
1474	*Coplas del Provincial*.	Muere Enrique IV de Castilla. Isabel se proclama reina en Segovia.	Por estas fechas ya se conoce la imprenta en España.
1476		Batalla de Toro.	Muere en Ocaña Rodrigo Manrique, maestre de Santiago y padre del autor de las célebres *Coplas*.
1479		Muere Juan II de Aragón, con lo que se unen las coronas de Aragón y de Castilla. Fin de la guerra con Portugal mediante el tratado de Alcaçovas.	Muere Jorge Manrique.

AÑO	AUTOR-OBRA	HECHOS HISTÓRICOS	HECHOS CULTURALES
1492	Diego de San Pedro: *Cárcel de amor.*	Entrada de los Reyes Católicos en Granada. Decreto de expulsión de los judíos. Cristóbal Colón descubre tierras americanas.	Nebrija: *Gramática castellana.*
1496	Encina: *Cancionero.*		
1499	Pimera edición de la *Comedia de Calisto y Melibea* (Burgos, Fadrique de Basilea).		

3. *Poesía medieval*

3.1. Poesía hispanolatina

Durante toda la Edad Media siguió cultivándose la poesía en latín, incluso después de los siglos XI y XII cuando empieza a escribirse poesía en las lenguas vernáculas, también llamadas románicas o vulgares (francés, catalán, italiano, castellano, etc.). En los reinos hispánicos existió una poesía épica en latín de la que el ejemplo más antiguo es el *Carmen Campidoctoris*, poema compuesto en los últimos años de vida del Cid (h. 1093-4) del que nos quedan treinta y dos breves estrofas y que incluyen tres episodios anteriores a la toma de Valencia no contenidos en el *Cantar de Mio Cid.* También de tema cidiano son la *Gesta Roderici* y el *Poema de Almería*, ambos de mediados del siglo XII. Junto a la poesía hispanolatina medieval de tema religioso, uno de cuyos centros principales fue Ripoll, hay que destacar la poesía de tipo goliardesco; los llamados goliardos eran clérigos cultos de relajadas costumbres que cultivaban una poesía de exaltación de la vida más libertina: el vino, el juego, el amor sin ataduras. Son célebres fuera del ámbito hispánico los *Carmina Cantabrigensia*, del siglo XI, llamados así por haberse encontrado en Cambridge, aunque las composiciones son de origen alemán; más célebres aún son los *Carmina Burana* (*Canciones del monasterio de Benediktbeuren)*, reunidos a principios del siglo XIII; algunas de estas piezas están en alemán y de unas pocas se conserva la melodía. Aunque algunos textos castellanos, como los que se leen en el *Libro de Buen Amor,* están claramente emparentados con esta poesía, en España sólo se conserva una colección de textos goliárdicos hispanolatinos: los *Carmina Rivipullensia (Canciones del monasterio de Ripoll*). Este cancionero fue reunido a finales del siglo XII y está formado por veinte poemas de autor desconocido, el "Anónimo enamorado", en los que la primavera, el amor, la belleza de la mujer o los sueños eróticos se exaltan con notable intensidad. Pueden valorarse en su justa medida con la ayuda de la magnífica edición de José Luis Moralejo (*Cancionero de Ripoll*, Barcelona, Bosch, 1986)

3.2. Jarchas mozárabes

La publicación en 1948 por parte de Samuel S. Stern de veinte jarchas, breves poemas escritos en dialecto mozárabe, que seguían a otras tantas moaxajas hispanohebreas, constituyó un acontecimiento que revolucionó las ideas sobre los comienzos de la poesía en lengua romance. Poco después, en 1952, Emilio García Gómez publicó veinticuatro jarchas que iban a continuación de otras tantas moaxajas hispanoárabes. Hoy se conocen más de sesenta jarchas diferentes. Las moaxajas eran poemas estróficos escritos en árabe o hebreo clásicos; en cada estrofa de estos poemas la primera parte tenía una rima propia y la última rimaba con los finales de las demás estrofas, formando una especie de collar (que era lo que significaba "moaxaja" en árabe). La jarcha era una especie de broche final, que podía utilizarse en moaxajas diferentes.

Han sido muy duras las polémicas entre los especialistas por los numerosos problemas derivados del descubrimiento de las jarchas y estamos lejos de verlos resueltos. La opinión de que se trata de los primeros textos poéticos en lengua romance se ve contradicha por quienes sólo ven textos árabes o hebreos contaminados con algunas palabras mozárabes. Se discute también hasta qué punto es poesía popular o estamos más bien ante una imitación de poetas cultos. Aunque hay algunas jarchas laudatorias, lo habitual es que expresen la queja femenina por la ausencia o los desdenes del amado (*habib* o *habibi*), lo que no significa necesariamente que fueran compuestas por mujeres. No presentan una clara regularidad silábica, sin embargo muestran una rima asonante o consonante en todos sus versos o en los pares; por eso, las de cuatro versos coinciden por la rima con la seguidilla o con la copla, sin que esto demuestre ni desmienta que estas estrofas, que se generalizan a partir del siglo XVII, tengan su origen en las jarchas.

Estos breves poemas fueron compuestos casi todos entre mediados del siglo XI y finales del XII; una jarcha atribuida a Yosef el Escriba, dedicada a dos hermanos suyos, no puede fecharse después de 1042 y es, por tanto, más de medio siglo anterior a las poesías de Guilhem de Peitieu, el más antiguo de los trovadores provenzales, que escribió sus composiciones a principios del siglo XII; en relación a la poesía épica castellana, esa jarcha sería más de siglo y medio anterior a la redacción del *Cantar de Mio Cid* en 1207, fecha que se viene aceptando últimamente.

En general se admite que son estrofillas escritas en dialecto mozárabe (el que hablaban los cristianos bajo dominio musulmán), con abundantes términos hebreos y árabes. Por estar copiadas al final de moaxajas, árabes o hebreas, se viene hablando de jarchas de la serie árabe y de la serie hebrea. No debe extrañarnos que hasta época tan tardía los investigadores no hayan reparado en estas poesías. La razón es que en la escritura, de caracteres árabes o hebreos, no se representaban las vocales; por otro lado, su brevedad y mezcla lingüística ha ocasionado a menudo lecturas divergentes. Nosotros las presentamos con la vocalización propuesta por Solá Solé, uno de los máximos especialistas en la materia, y con su versión en castellano actual.

3.3. Lírica gallego-portuguesa

La poesía gallego-portuguesa medieval se conserva fundamentalmente en tres cancioneros: el de la Biblioteca Vaticana, el de la Biblioteca Nacional de Lisboa (conocido también como *Cancionero Colocci-Brancuti*) y en el *Cancionero de Ajuda* (por encontrarse en este palacio lisboeta). A estos tres hay que añadir el conocido como "Rótulo de Vindel", que contiene las siete cantigas de amigo de Martín Codax, seis de ellas con sus melodías, las únicas que conservamos con su música, si exceptuamos las *Cantigas de Santa María* de Alfonso X.

Aunque tuvo que haber una lírica anterior a los textos conservados, las contenidas en esos tres cancioneros fueron compuestas desde el año 1200, fecha aproximada de una sátira política de Johan Soarez de Pavha, hasta 1350, fecha en que el conde de Barcelos legó a Alfonso XI de Castilla en testamento un libro de canciones. Se distinguen en estos ciento cincuenta años cuatro épocas: prealfonsí (hasta 1252), alfonsí (1252-1284), dionisíaca o de don Denís (1284-1300) y posdionisíaca (hasta 1350). El reinado de los dos monarcas, Alfonso X y don Denís, constituye el período de mayor florecimiento, que con la muerte del rey Sabio pasa de Castilla a Portugal. Después de 1350 sigue un período oscuro hasta las composiciones más antiguas del *Cancionero de Baena,* escritas en gallego hacia 1360 o 1370 por poetas que acabarán escribiendo en castellano.

El *Arte de trobar* que figura al frente del *Cancionero de la Biblioteca Nacional* distingue cuatro géneros principales: *cantigas de amor, de amigo, de escarnio* y *de maldecir*; pero también se mencionan cantigas de *vilâos* y de *seguir*, además de las *tençôes, pastorelas, descordos* y *prantos*. Estos géneros se corresponden más o menos estrechamente con otros provenzales que están en su origen, si bien las de amigo parecen ser autóctonas y por su más hondo lirismo y sencillez son hoy las más valoradas.

La cantiga de amor es el género cortés por excelencia. Deriva de la *canso* provenzal y con el tiempo se verá transformada, con los oportunos cambios métricos y lingüísticos, en la canción trovadoresca de los cancioneros castellanos del siglo XV. En la cantiga de amor el poeta se dirige a la dama quejándose de su desdén u hostilidad. Siguiendo las pautas provenzales, el amor es un servicio que el galán tributa a la dama semejante al que en la sociedad feudal profesa el vasallo a su señor. No obstante, frente a la tradición provenzal se produce un empobrecimiento al desaparecer el preludio primaveral, típico de la *canso*, la sensualidad y el gozo de amar; así en la poesía gallega los grados del acercamiento amoroso se ven muy simplificados.

La cantiga de amigo es la que ha despertado un mayor interés entre los críticos debido a su originalidad en el ámbito románico, sus raíces folclóricas y su hondo lirismo próximo a la sensibilidad de nuestro tiempo. Tiene en común con las jarchas y con el villancico castellano –muy frecuente a partir del siglo XV– el hecho de estar puesta en boca de mujer, el predominio del tema de la lamentación amorosa y la frecuencia de la madre o las hermanas como confidentes de la joven. Estas semejanzas, y algunas coincidencias métricas, estilísticas y de tono, han hecho pensar a ciertos investigadores en una procedencia común, quizá hispanolatina. Dicha teoría no es hoy muy defendida, pues las diferencias que manifiestan estas tres formas líricas también son notables; en las jarchas, por ejemplo, predomina el amor carnal y la escenografía urbana, en tanto que en las cantigas y los villancicos el erotismo se transmite generalmente mediante símbolos en un medio natural (montes, prados, ríos, fuentes...); por otro lado, la métrica y el lenguaje de la cantiga de amigo participan de la tradición provenzal, motivo por el que estas cantigas conjugan la tradición trovadoresca y la autóctona.

Según el citado *Arte de trobar*, la cantiga de escarnio y la de maldecir, ambas de tema burlesco, sólo se diferencian en el lenguaje. Mientras las de escarnio son más sutiles y usan palabras "cubiertas", las de maldecir se valen de un lenguaje más directo y de palabras "descubiertas". No obstante, en los textos de los cancioneros apenas se aprecia tal distinción teórica. A diferencia del *sirventés* provenzal, de donde provienen, en estas composiciones gallegas predomina el ataque personal frente a la censura de carácter general de las piezas provenzales.

Entre los géneros menores el *pranto,* que remite al *planh* provenzal y a la tradición latina, se utiliza para expresar el dolor por la pérdida de un gran señor. La pastorela, bien documentada en la tradición provenzal y en la francesa, en la lírica gallego-portuguesa es tardía y sólo cuenta con media docena de ejemplos, muy próximos a la cantiga de amigo, pues prescinden del diálogo y se limitan a ofrecernos el soliloquio de la pastora. También como parte de las cantigas de amigo se pueden considerar las escasas *albas* conservadas, en las que la mujer lamenta la separación del amante con la llegada del amanecer. La *tençâo* y el *partimen* son disputas en verso, generalmente de escarnio o maldecir; en las *tençôes* el primer trovador fija la forma métrica que se ha de seguir, mientras que en el *partimen* el que propone la disputa deja escoger al contrario y el resultado se somete luego al juicio de árbitros imparciales. No se sabe con exactitud en qué podían consistir las *cantigas de seguir* y las *de vilâo*, también muy escasas. Al parecer tomaban como base versos preexistentes.

La mayoría de los textos que presentamos son cantigas de amigo, más accesibles a un público amplio que las de amor y que las de escarnio y de maldecir. Se discute si puede considerarse como *alba* la de Nuno Fernández Torneol. Incluyo, al final de la serie, dos de las *Cantigas de Santa María* de Alfonso X el Sabio.

3.4. Lírica catalano-provenzal

Desde los lejanos tiempos de la Marca Hispánica y dependiente del imperio carolingio, Cataluña estuvo vinculada política y lingüísticamente a Provenza. Hasta principios del siglo XV los trovadores catalanes escribieron su poesía en la lengua provenzal (también llamada *lemosí*, *langue d'oc* y *occitano*), a pesar de que Cataluña gozaba de lengua propia y de una completa autonomía política durante la eclosión de los trovadores. La dependencia lingüística de Cataluña respecto a la lengua provenzal, en el campo de la lírica, es similar a la de Castilla con respecto a la lengua gallego-portuguesa. Ambas lenguas gozaban de mayor prestigio. Así, es de notar que mientras en los siglos XIII y XIV los trovadores castellanos escriben la poesía lírica en gallego y los catalanes lo hacen en provenzal, esos mismos autores utilizan sus respectivas lenguas –el castellano y el catalán– para sus escritos en prosa. Eso explica el bilingüismo de muchos autores (entre ellos el rey castellano Alfonso X y varios trovadores catalanes), que utilizan para su poesía una lengua ajena.

En el sur de Francia a principios del siglo XII surge una poesía trovadoresca realmente nueva, si bien el término *trovador* parece proceder del latino *tropatore*, autor de *tropos*. Es una poesía en lengua vulgar, muy elaborada técnicamente, que expresa sentimientos subjetivos y, frente a la épica anónima, está escrita por autores conocidos. Las poesías se recogen en cancioneros colectivos, van agrupadas por autores y suelen ir precedidas de sus biografías (*Vidas*). De los aproximadamente 350 trovadores conocidos, una décima parte son catalanes. Predominan los de origen nobiliario, si bien algunos son hombres vinculados a la Iglesia o pertenecientes a la burguesía naciente. En Cataluña, y el reino de Aragón en general, esta poesía trovadoresca arraigó profundamente desde finales del siglo XII y fue cultivada por trovadores pertenecientes a la nobleza, como Guillem de Berguedà, célebre por sus *sirventeses* de tono sarcástico, Guillem de Cabestany o Ramon Vidal de Besalú, autor de unas *Razos* o *Razos de trobar,* o el más prolífico, Cerverí de Girona, sin olvidar que Ramón Llull en su juventud cultivó este tipo de poesía. Incluso cuando decae su cultivo en el sur de Francia, los trovadores catalanes siguen apegados a este modelo poético cada vez más fosilizado. No obstante, para intentar revitalizar esta tradición, Juan I de Aragón crea en Barcelona en 1393 el Consistorio o Certamen de la Gaya Ciencia (a imitación del de Tolosa, creado en 1327), prolongando con estos Juegos Florales la tradición unos años más. La llegada de una nueva generación a principios del siglo XV, que ya conoce la reforma de Petrarca, protagoniza una notable renovación liderada por nombres como Andreu Fabrer, Jordi de Sant Jordi y, muy especialmente, Ausias March, autor que ya usa plenamente su lengua catalana y escribe la poesía más personal y moderna del siglo XV peninsular, sin renunciar a los modelos provenzales e italianos.

3.5. Épica

La poesía épica latina se siguió cultivando durante la Edad Media. Especialmente la *Eneida*, de Virgilio, fue instrumento de aprendizaje en las escuelas monásticas medievales y fue modelo seguro en la composición de poemas sobre los nuevos héroes. Así, *Waltharius* es un poema latino protagonizado por Walter, un personaje germánico, que fue escrito a finales del siglo IX; y sobre el Cid se conservan fragmentariamente tres poemas épicos en latín: el *Carmen Campidoctoris*, la *Historia Roderici* y el *Poema de Almería,* el primero escrito en vida del Cid (muerto en 1099) y los otros dos compuestos a mediados del siglo XII. Los pueblos germánicos a su vez poseían sus cantos épicos, según refieren abundantes testimonios, y los árabes también cantaban a sus héroes mediante poesía narrativa. En algunas de las nacientes lenguas románicas se compusieron cantares de gesta, formando numerosos núcleos épicos. En lengua francesa (también llamada *langue d'oil*) se conservan un centenar de poemas; sólo se conocen dos en provenzal y unos pocos textos castellanos de lo que a buen seguro constituyó una rica tradición épica. En catalán pudo haber un ciclo sobre Wifredo el Velloso, aunque no conservamos ningún verso; en gallego e italiano parece que no se desarrolló una producción propia. Con ayuda de la tradición épica indirecta –las crónicas y el Romancero– se deduce que la épica castellana se polarizó en torno a tres ciclos: don Rodrigo y la pérdida de España, los primeros condes de Castilla (Fernán González entre ellos) y el personaje del Cid. Por los cien versos conservados del poema *Roncesvalles* podemos asegurar que sobre los temas carolingios también se compuso poesía épica en castellano.

Aparte de ese fragmento mencionado, conservamos casi completos tres poemas épicos, si bien el *Poema de Fernán González* es el resultado de reescribir en el metro de la clerecía, es decir, en cuaderna vía, un cantar perdido sobre el primer conde castellano. Los otros dos versan sobre Rodrigo Díaz de Vivar, el *Cantar de Mio Cid* y *Las mocedades de Rodrigo*. Este último, compuesto tardíamente (a mediados del siglo XIV), narra de manera fabulosa las heroicidades del Cid antes y después de su matrimonio con Jimena. Tras una introducción histórica, bastante inexacta, sobre los primeros condes de Castilla y un excurso sobre la diócesis de Palencia, el joven Cid zanja las desavenencias con la familia de don Gómez de Gormaz dando muerte a este conde y apresando a sus dos hijos. Las tres hijas de don Gómez ruegan clemencia a Diego Laínez, el padre del Cid, y Jimena, la menor, le pide la mano de su hijo don Rodrigo para calmar los ánimos. Rodrigo, sorprendido por la petición, acepta y promete no consumar el matrimonio hasta no derrotar en cinco lides campales a otros cinco adversarios. El resto de la obra es el desarrollo de estas batallas, la última ya en Francia, hasta ponerse el Cid a la altura de los Doce Pares, a quienes llega a retar. El oportuno nacimiento de un niño varón, hijo del rey castellano y de la hija del conde saboyano derrotado por el Cid, decide una tregua de doce años. La pérdida de los folios finales del manuscrito impide conocer el desenlace. El poema es muy irregular por fundir materiales muy heterogéneos y este Cid joven, soberbio y pendenciero, en nada recuerda al héroe prudente y familiar del *Cantar de Mio Cid*. Sin embargo, es el que dejó descendencia más prolífica en el Romancero y en el teatro.

El *Cantar de Mio Cid* ha centrado la atención de la crítica, y no sólo por representar mejor que los demás testimonios conservados lo que pudo ser la antigua épica castellana, sino también por sus valores literarios. Ha sido pieza de toque de todas las discusiones sobre la épica castellana y ha enfrentado dos concepciones críticas opuestas –la de los tradicionalistas y la de los individualistas– que con el tiempo parecen acercarse. Simplificando mucho las posturas, según los tradicionalistas (o neotradicionalistas) el poema se compuso en su versión definitiva hacia 1140 y la copia conservada, del siglo XIV, sería el resultado de múltiples transformaciones en las que ha participado la tradición oral anónima. Para ellos Per Abbat, de quien se dice en el colofón que lo *escribió* (verbo que significa tanto "copiar" como "componer") en 1207, fue un mero copista. Los individualistas en cambio retrasan su composición, con numerosas pruebas, hasta finales del siglo XII o principios del XIII (quizá 1207), lo interpretan como obra de un creador individual consciente de su arte y creen que su autor pudo ser Per Abbat.

El *Poema de Mio Cid,* como observó certeramente Pedro Salinas, se articula en torno a la pérdida y a la recuperación de la honra. Primero, la honra política, perdida con el destierro, que se restablece con el envío de presentes al rey Alfonso VI, la conquista de Valencia y el perdón real. Luego la honra familiar, perdida en la afrenta de Corpes y recuperada con creces en las Cortes de Toledo y con el matrimonio de las hijas del Cid con los príncipes herederos de Navarra y Aragón. Tanto la construcción narrativa como el uso consciente de la retórica, encaminada a crear en el auditorio una sensación de realismo, revelan una incuestionable maestría técnica en su autor, que no podemos analizar ahora en detalle.

3.6. Poemas hagiográficos y debates

Mención aparte merecen los debates literarios, frecuentes en la literatura latina medieval desde el siglo IX y luego en las diversas literaturas románicas. Los más característicos poetizan enfrentamientos entre realidades abstractas, como el cuerpo y el alma, el agua y el vino, judaísmo y cristianismo, e incluso si es mejor amante el clérigo o el caballero, tema del debate *Elena y María*; pero también se ocupan de cuestiones más cercanas a la realidad cotidiana: el vino y la cerveza, la lana y el lino, etc. En castellano el más antiguo es un fragmento con la *Disputa del alma y el cuerpo* (en torno a 1200) y en el siglo XIII se compusieron al menos la *Razón de amor con los denuestos del agua y el vino*, la *Disputa entre un cristiano y un judío* y *Elena y María*. Se conservan varios del siglo XIV, sorprendentemente todos sobre el conflicto entre el cuerpo y el alma (conocidos como *Visión de Filiberto*, *Disputa del cuerpo y del ánima*, *Revelación de un ermitaño*), y algunos más datables en los siglos XV y XVI, época en que los debates albergan nuevos temas y diferentes formas de expresión (*Diálogo entre el Amor y un viejo*, de Rodrigo Cota, *Justa entre la Razón y la Sensualidad*, de Fray Íñigo de Mendoza, etc.). El éxito de los debates, tanto entre el público popular como entre el erudito, no debió de ser ajeno a los hábitos educativos medievales (duelo judicial, métodos escolásticos, importancia de la *Dialéctica* como disciplina del *Trivium*) y a las prácticas caballerescas del combate personal. Los más antiguos debates presentan rimas en pareados y algunos recursos propios de la juglaría; pero las fuentes latinas de las que suelen partir y la influencia de la égloga clásica permiten estudiar los debates como un grupo especial dentro de las obras de clerecía. Igualmente, las vidas de santos tuvieron gran popularidad en la Edad Media y algunas veces fueron escritas en verso distinto del alejandrino.

3.7. Clerecía

En los últimos años del siglo XII y principios del siglo XIII empieza a cultivarse en castellano una modalidad poética culta que fundamenta su valor literario en el uso de fuentes latinas, los versos de sílabas "contadas" agrupados en tetrásticos monorrimos (la *cuaderna vía*) y el tratamiento de asuntos antes reservados a la lengua latina, como eran los temas marianos, las vidas de santos o los héroes de la Antigüedad. Tal desarrollo debe interpretarse como una manifestación tardía en la península Ibérica del Prerrenacimiento europeo del siglo XII.

La conciencia de pertenecer a una *escuela* (*modalidad* o *género*, pues no hay total acuerdo en el nombre) se aprecia en la segunda estrofa del *Libro de Alexandre* (p. 137), una de las primeras obras de un corpus literario integrado en el siglo XIII además por las obras de Gonzalo de Berceo (*Vida de San Millán, Vida de Santo Domingo de Silos, Vida de Santa Oria, Martirio de San Lorenzo, Milagros de Nuestra Señora*, junto con otras obras marianas y litúrgico-doctrinales), *El Libro de Apolonio, el Poema de Fernán González* y otras obras de más difícil adscripción o datación, que comparten algunas características de la escuela (*¡Ay Jerusalem!, Cantar del rey don Alonso, Historia troyana polimétrica, Libro de miseria de omne*, etc.).

Aunque la mayor parte de los manuscritos que conservan las obras de clerecía del siglo XIII se copiaron en el XIV, en esta última centuria la uniformidad métrica de la cuaderna vía se desvanece a la par que las obras principales acusan influjos mucho más variados. El *Libro de Buen Amor*, por ejemplo, presenta una notable variedad métrica a la par que un raro equilibrio entre la inspiración culta y la folclórica. Las técnicas de los sermones y los *exempla*, la lírica religiosa y profana de raigambre goliardesca, el drama latino religioso y profano, Ovidio y Catón junto a la poesía cortesana y la popular se funden en una serie de peripecias autobiográficas que ofrecen al libro una apariencia pluridimensional. El *Rimado de Palacio*, ya a finales del siglo XIV, presenta una enseñanza más apegada al catecismo y una crítica social notablemente más doctrinaria y adusta que la del Arcipreste; sólo en un grupo intercalado de poesías líricas de asunto mariano ensaya nuevas formas métricas de verso corto, así como el llamado verso de *arte mayor*, de doce sílabas, que sería el preferido durante el siglo XV para los poemas narrativos y didácticos. Además, la presencia de algún poema suyo en el *Cancionero de Baena* le vincula con la poesía de cancionero, que en el siglo XV iba a adquirir en Castilla un desarrollo inusitado. Los *Proverbios morales* de Sem Tob, escritos en pareados de alejandrinos con rima interna –o cuartetas heptasilábicas–, representan una de las formas más originales de la clerecía del siglo XIV.

3.8. Poesía de cancionero

Con este nombre denominamos a un abundantísimo corpus poético –unos siete mil poemas y más de ochocientos poetas– que se ha conservado en cancioneros colectivos del siglo XV, casi todos manuscritos, y especialmente en el *Cancionero general*, publicado en 1511 y reimpreso continuamente a lo largo del siglo XVI. Agrupadas las poesías unas veces por autores, otras por géneros, desfilan en estas colecciones poéticas muchos nombres que, como dijo Menéndez y Pelayo "no tienen más recomendación que lo ilustre de sus títulos y apellidos". En efecto, la mayoría de los autores pertenecen al estamento nobiliario y sólo unos pocos son hombres de Iglesia, conversos o poetas de profesión. Durante mucho tiempo la escasa calidad de muchos de estos versos ha relegado a un segundo término la producción de varias generaciones de poetas que se esforzaron en revitalizar antiguas tradiciones poéticas, tanto la provenzal como la gallego-portuguesa. Si es cierto que los gustos poéticos del siglo XV están muy alejados de nuestra sensibilidad, no es menos verdad que en cualquier época han predominado los versos de poca calidad, que con justicia ha desechado la tradición. La inmensa mayoría de las composiciones amorosas reflejan un código según el cual el amante y la dama reproducen la misma relación que en la sociedad feudal subordina el vasallo a su señor. Se trata de un amor abnegado, discreto y a la vez creciente. La mujer tiene siempre en su mano la concesión del "galardón" (palabra de discutido significado) al amante y éste, aunque no sea correspondido, prefiere estar enamorado, en una actitud que podríamos calificar de masoquista. La dama, de entrada, reúne todas las perfecciones, pero apenas aparece descrita y nunca individualizada. En la poesía provenzal la destinataria era generalmente una mujer casada, en tanto que en la castellana no se menciona su estado. Se cultivó también la poesía satírica, especialmente sarcástica en momentos de turbulencias políticas, como se aprecia en las *Coplas de la Panadera*, las *de Mingo Revulgo* y las *del Provincial.* La poesía religiosa centrada en la figura humana de Cristo abunda sobre todo a finales de la centuria.

3.9. Romancero

En el siglo XV se documentan los primeros romances, aunque debieron componerse ya en el siglo anterior como derivación tardía de los cantares de gesta. En el *Cancionero general* aparecen ya asimilados a la poesía cortesana y durante los Siglos de Oro se coleccionarían en romanceros, experimentando un extraordinario desarrollo.

Hoy está suficientemente demostrado que los romances, por su origen, por su forma y por su contenido, proceden de los cantares de gesta y no al revés, como creían hace más de cien años los románticos y algunos eruditos. El profesor catalán Milá y Fontanals y luego M. Menéndez y Pelayo y, sobre todo, R. Menéndez Pidal pusieron las bases del estudio del Romancero al demostrar que al desmembrarse los cantares de gesta o al prosificarse éstos en las crónicas medievales, sólo quedaron en la memoria de los juglares las escenas más llamativas, perfectamente comprensibles para quien conocía el argumento general de cada historia. Con el tiempo, ese fragmentarismo característico, junto con el gusto por ciertos detalles líricos, añadiría a muchos romances una rara calidad poética. Pero no sólo encontramos en los romances asuntos épicos de diversos ciclos, también los hay históricos, fronterizos, mitológicos, novelescos, líricos, etc. Estos rótulos que vemos en muchas clasificaciones debemos tomarlos como meras aproximaciones descriptivas, pues suelen mezclarse criterios diferentes en tales agrupaciones. En un contexto más amplio conviene situar el Romancero como una manifestación hispánica de la balada europea.

El origen y la difusión de los romances se entienden mejor desde el concepto de *tradicionalidad*, según el cual el canto es asimilado por el pueblo como patrimonio común. Aprendido por el pueblo, perdura en su memoria y, al sentirse dueño de él, lo ajusta y lo amolda a las peculiares formas de expresión y a las circunstancias de cada recitación. Esto explica la cantidad de versiones y de variantes conservadas de cada romance, fenómeno que viene a constituir la esencia misma del romance tradicional.

Métricamente el romance se compone de una serie indefinida de versos octosílabos con rima asonante en los versos pares. En un poema épico tardío como las *Mocedades de Rodrigo*, de mediados del siglo XIV, abundan ya los versos de dieciséis sílabas, quizá como indicio de que el verso del romance se gestó en los cantares tardíos mediante la regularización a ocho sílabas de cada hemistiquio del verso épico. La extensión de los romances es muy variada; los hay muy breves, como algunas versiones del romance del prisionero, y también muy largos, con varios centenares de versos. En los Siglos de Oro es frecuente encontrar romances con estribillo; muchas veces se presentan agrupados los versos de cuatro en cuatro, debido a que se cantaban con unidades melódicas de 32 sílabas.

A mediados del siglo XVI se pone de moda romancear a la vieja usanza pasajes de las crónicas, naciendo así numerosos romances cronísticos. Y a finales del siglo XVI nace el romancero nuevo, como consecuencia de la afición de los autores cultos por este género. Son romances de autores conocidos (Lope de Vega y Góngora fueron sus principales animadores) que, bajo disfraz pastoril o morisco, encubren historias ficticias o verdaderas, siempre llenas de ingenio. El romance, unas veces con música y otras sin ella, arraigó en la cultura popular; en los pliegos sueltos encontró su mejor difusión y su molde métrico se utilizó luego para expresar nuevas materias, como vidas de santos, relaciones de comedias, relatos truculentos, hechos contemporáneos, etc. sin que en ninguna época fuera desdeñado del todo por los autores cultos. Por otro lado, si tenemos en cuenta que en los romances aprendieron a leer muchas generaciones de españoles, entenderemos bien que para la población menos culta los romances representan la más habitual y cercana manifestación de la poesía popular.

3.10. Lírica tradicional

También en el siglo XV empiezan a abundar los testimonios de una poesía tradicional que con seguridad venía de lejos. Tenemos testimonios aislados, como ese cantarcillo que recoge el Tudense en su *Chronicon mundi* (1236) y que dice

En Cañatañazor
perdió Almanzor
el atambor.

Los más madrugadores fechan este sencillo trístico al pie de la derrota de Almanzor en 998 en esa localidad castellana. Las referencias a las mayas en el *Libro de Alexandre*, un cantarcillo portugués que registra don Juan Manuel y algunos testimonios más prueban que apenas se ha salvado nada de una rica producción anterior a mediados del siglo XV. Algunas cancioncillas tradicionales, por su forma y por su contenido, parecen remitir a las cantigas gallego-portuguesas, pero algún esporádico contacto no basta para explicar una producción desarrollada en castellano con total autonomía.

La lírica tradicional, al principio como fenómeno musical, empezó a interesar a los compositores y a los poetas cultos, incorporándola a sus producciones. Ya el Marqués de Santillana cuando mencionaba "aquellos romances y cantares de que las gentes de baja y servil condición se alegran" estaba declarando la existencia de una poesía popular aún no difundida entre los autores más cultos de la época. Y el "villancico" que dedica a tres hijas suyas (n.º 64 de esta antología) es un buen ejemplo de esa incorporación de la poesía popular. Luego el *Cancionero de Herberay des Essarts* (recopilado en la corte de Juan II de Navarra hacia 1463) recoge, entre la poesía culta, algunos estribillos de marcado sabor popular; pero son los cancioneros musicales del otoño de la Edad Media (*Cancionero de la Colombina, de la Catedral de Segovia* y *musical de Palacio*) los que nos ofrecen muchas piezas que, aun con música polifónica, revelan su origen popular. Estas piezas constituyen formas poéticas autónomas de extraordinaria calidad; otras veces los estribillos son utilizados por el autor culto para engalanar su composición, tal como sucedía en el *Cancionero de Herberay*, o para glosar a lo divino estribillos populares profanos, como nos confiesan algunas rúbricas que anteceden a poesías de Fray Ambrosio Montesino, Juan Álvarez Gato o Fray Íñigo de Mendoza. La utilización por parte de autores cultos de las cancioncillas populares sería habitual en el siglo XVI; Fernández Heredia, Castillejo, Sebastián de Horozco, Timoneda o los portugueses Gil Vicente, Sá de Miranda y Camoens insertaron y glosaron estribillos populares en sus propias composiciones. Y a mediados del siglo XVI se engarzarán ingeniosamente varios cantarcillos (junto con refranes, versos de romances, etc.) creando las llamadas "ensaladas", no muy distintas del poema mencionado de Santillana dedicado a sus hijas.

Luego, Lope de Vega, Góngora y Calderón compondrían numerosos poemas a su imagen y semejanza, y utilizarían abundantes poesías tradicionales en su teatro; incluso algunas cancioncillas darían origen a piezas teatrales enteras, como las dos de Lope *El caballero de Olmedo* y *La bella malmaridada*.

La lírica tradicional presenta gran variedad de formas y contenidos, con característicos rasgos como la agudeza y una sencillez más aparente que real; no presenta complicaciones léxicas, pero abundan las metáforas hermosas, el uso de símbolos, las antítesis y las paradojas. Predomina la emoción a la razón y es frecuente el misterio de lo irracional. El amor es el tema preferido, en general exaltado patéticamente aunque con expresiones sencillas. La presencia de la naturaleza, a menudo con valor simbólico, emparenta estas cancioncillas con las cantigas de amigo gallegas; a veces el amor puede vislumbrarse en canciones de trabajo, prácticamente inexistentes en los cancioneros gallego-portugueses.

También la forma es muy variada; desde un sencillo pareado hasta una serie de estrofas. Los versos presentan gran variedad e irregularidad, si bien predominan el octosílabo y el hexasílabo. Se prefiere la rima asonante, mucho más discreta y sugerente que la consonante. Son frecuentes los zéjeles y los villancicos, caracterizados ambos por la presencia de un estribillo de dos o tres versos, una mudanza de tres o cuatro y uno o dos versos de vuelta que riman con el estribillo. Un esquema de rimas típico del villancico sería *aa bcbc a aa*; y del zéjel *aa bbb a aa.*

La supervivencia de la lírica tradicional castellana, remozada con las formas modernas que surgen en el siglo XVII, ha permitido a algunas piezas llegar hasta el siglo XX por vía oral. Como el Romancero, ha acompañado a la lengua por tierras americanas y a las comunidades sefarditas surgidas como resultado de la expulsión de los judíos en 1492. Los folcloristas modernos no dejan de registrar pervivencias y variantes actuales que deben movernos a pensar que en muchas comunidades la literatura oral no es menos importante que la escrita.

4. Opiniones sobre la obra

Para Colin Smith, y una buena parte de la crítica actual, el *Poema de Mio Cid* es obra de creación individual.

> «El retrato de Per Abad que he ido formando a base de conjeturas no contiene elemento alguno que haya de

asombrar a los medievalistas. Tenía la cultura media, los conocimientos generales, y los gustos de un hombre de leyes educado natural de Burgos, capital de Castilla la Vieja y centro internacional de bastante envergadura, alrededor del año 1200. A una formación profesional en el derecho romano y en latín, adquirida probablemente en Francia, agregaba el conocimiento serio de una cantidad reducida de textos clásicos, quizá a través de extractos solamente, y de los textos latinos compuestos en España en el siglo XII, en especial la *Crónica Adefonsi Imperatoris* y la *Historia Roderici*; y también conocía partes de la Biblia. Sus relaciones profesionales con Cardeña le facilitaban algunos de los textos que necesitaba, así literarios como diplomáticos, y allí podía asimilar datos de Petrus Comestor y algunos hábitos lingüísticos. El poeta honraba la asociación con Cardeña haciéndolo figurar en su obra, de la misma manera que honraba naturalmente a Burgos. En Burgos o con mayor probabilidad durante un período de estudio y residencia en Francia, adquirió el gusto por las *chansons de geste* francesas, y amplios conocimientos sobre esta modalidad literaria, entonces dominante, y con diversidad de énfasis le rindió homenaje imitando alguna versión del *Roland* y hasta una docena de poemas épicos compuestos en los últimos decenios del siglo XII. Éstos eran más que suficientes para que el poeta se formase en todo el arte de la épica tal como ésta se practicaba en la Francia de entonces. Es más: en ciertos momentos, el ejemplo francés se juntó en la imaginación de Per Abad con una potente visión de su héroe y de una posible trama, inspirándole el audaz propósito de componer una épica en castellano [...]. [Sin embargo], Per Abad compuso, no una mera imitación [de un cantar francés], sino una obra fuertemente original de perspectiva revolucionaria, y una composición, además, cuyas cualidades literarias creo que exceden con mucho a las de los poemas franceses de su período.»

(C. Smith, *La creación del Poema de Mio Cid*, Barcelona, Crítica, 1985, pp. 275-277)

Antonio Machado dedicó a Berceo este poema de *Campos de Castilla*, sección de "Elogios", con el título "Mis poetas":

«El primero es Gonzalo de Berceo llamado,
Gonzalo de Berceo, poeta y peregrino,
que yendo en romería acaeció en un prado,
y a quien los sabios pintan copiando un pergamino.

[...]

Su verso es dulce y grave: monótonas hileras,
de chopos invernales en donde nada brilla;
renglones como surcos en pardas sementeras,
y lejos, las montañas azules de Castilla.

Él nos cuenta el repaire del romero cansado;
leyendo en santorales y libros de oración,
copiando historias viejas, nos dice su dictado,
mientras le sale fuera la luz del corazón.»

(A. Machado, *Campos de Castilla*, ed. Geoffrey Ribbans, Madrid, Cátedra, 3ª ed., 1992, p. 257)

«También hay en el *Buen Amor* algo muy particularmente común con la poesía de los goliardos, juglares, escolásticos y doctos [...]. Hay muchos caracteres comunes al *Buen Amor* y a los *Carmina Burana* o a los poemas atribuidos a Golías o al arcediano de Oxford, Gualterio Map. Uno muy importante es el deleite por el áspero choque entre lo religioso y lo profano, entre lo serio y lo burlesco, entre el sermoneo moralizador y el rebelde grito *juvenes non possumus legem sequi duram* (los jóvenes no podemos seguir una ley rigurosa). Es también común la tendencia a adornarse con erudición escolástica, en especial con la de autores clásicos. Son comunes multitud de pensamientos y asuntos, por ejemplo, el tema primaveral unido al del amor o más bien al del apetito amoroso, idea tan repetida en los *Carmina Burana*; las sátiras contra el clero, los prelados y, sobre todo, contra la curia romana; la parodia de rezos clericales; las propiedades del dinero, etc. Podíamos citar aún como acabado modelo de poesía goliárdica la *Cántiga de los clérigos de Talavera*, que es, sin duda, una de las composiciones destinadas por el Arcipreste al canto de los escolares nocherniegos. Aunque muy original en todo su desarrollo, aunque inspirada en personas y momentos de la actualidad toledana, la cántiga del Arcipreste está inmediatamente tomada de la *Consultatio Sacerdotum*, tantas veces tratada un siglo antes en los poemas atribuidos a Gualterio Map, y de la cual debió conocer el Arcipreste no una, sino varias formas.»

(R. Menéndez Pidal, *Poesía juglaresca y juglares*, Madrid, Espasa Calpe, 6ª ed., 1969, pp. 144-145)

«No conviene caer en el tópico habitual del sentido "democratizante" de las danzas, pues, si lo tienen es *a posteriori*: los seres humanos son iguales, pero sólo ante la muerte; las injusticias y la introducción se castigan en el más alla, no aquí. Estos poemas defienden el sistema social tradicional, acusan a quienes no han cumplido correctamente con su papel dentro de la sociedad feudal. Es una democracia de ultratumba.

La lista de los llamados al trágico baile está organizada con todo cuidado, atendiendo a la típica jerarquización medieval (y también con un cierto aspecto teatral) emparejando a los representantes eclesiásticos y civiles, añadiendo a esta versión tres tipos más: rabí, faquí y santero; con ello se presentan las peculiaridades de la sociedad peninsular mudéjar.»

(J. Rodríguez Puértolas: *Poesía crítica y satírica del siglo XV*, Madrid, Castalia, 1989, p. 41)

5. Bibliografía esencial

[Resulta imposible presentar aquí una bibliografía sumaria que recoja lo mejor que se ha escrito sobre poesía medieval. Me limito a citar algunas ediciones fundamentales, siempre acompañadas de importantes estudios preliminares, y unos pocos manuales donde el lector curioso encontrará una bibliografía suficiente. La actualización bibliográfica será relativamente sencilla consultando el *Boletín Bibliográfico de la Asociación Hispánica de Literatura Medieval*, del que hasta la fecha se han publicado catorce volúmenes, el último correspondiente al año 2000.]

Antologías

–ALONSO, Álvaro (ed.), *Poesía de Cancionero,* Madrid, Cátedra, 1986.

–ALVAR, Carlos, y ALVAR, Manuel (eds.), *Épica medieval española,* Madrid, Cátedra, 1991.

–ALVAR, Carlos, y BELTRÁN, Vicente (selección, estudio y notas), *Antología de la poesía gallego portuguesa,* Madrid, Alhambra, 1985.

–FRANCHINI, Enzo (estudio y edición), *Los debates literarios en la Edad Media*, Madrid, Laberinto, 1991.

–FRENK, Margit (ed.), *Lírica de tipo popular,* Madrid, Cátedra, 1977.

———, *Corpus de la antigua lírica popular (Siglos XV a XVII),* Madrid, Castalia, 1987; y *Suplemento,* Madrid, Castalia, 1992.

–GARCÍA DE ENTERRÍA, Mª Cruz (ed.), *Romancero viejo (Antología),* Madrid, Castalia, 1987.

–GÓMEZ REDONDO, Fernando (ed.), *Poesía medieval,* 1. *Edad Media: Juglaría, Clerecía y Romancero*, Barcelona, Crítica, 1996.

–MONTANER, M. (ed.), *Cantar de Mio Cid,* Barcelona, Crítica, 1993.

–RIQUER, Martín de, *Los trovadores. Historia literaria y textos,* Barcelona, Ariel, 1975, 3 tomos.

–RODRÍGUEZ PUÉRTOLAS, Julio (ed.), *Poesía crítica y satírica del siglo XV,* Madrid, Castalia, 3ª ed. 1989.

–SOLÁ-SOLÉ, Joseph Mª (ed.), *Las jarchas mozárabes y sus moaxajas,* Madrid, Taurus, 1990.

Ediciones de obras particulares

–BAÑOS, Fernando (ed.), Gonzalo de Berceo, *Milagros de Nuestra Señora,* Barcelona, Crítica, 1997.

–BELTRÁN, Vicente (ed.), Jorge Manrique, *Poesía,* Barcelona, Crítica, 1993.

–BLECUA, Alberto (ed.), Arcipreste de Hita, *Libro de Buen Amor,* Madrid, Cátedra, 1992.

–CAÑAS MURILLO, Jesús (ed.), *Libro de Alexandre,* Madrid, Cátedra, 1988.

–FERRERES, Rafael (ed.), Ausias March, *Obra poética completa,* Madrid, Castalia, 1979 (2 vols.).

–GÓMEZ MORENO, Ángel, y KERKHOF, Maximilian P. A. M., Íñigo López de Mendoza, Marqués de Santillana, *Obras completas,* Barcelona, Planeta, 1988.

–GUIL, Itziar (ed.), *Libro de Fernán Gonçález,* Madrid, Biblioteca Nueva, 2001.

–JONES, R. O., y LEE, Carolyn (eds.), Juan del Encina, *Poesía lírica y cancionero musical,* Madrid, Castalia, 1975.

–METTMANN, Walter (ed.), Alfonso X el Sabio, *Cantigas de Santa María,* Madrid, Castalia, 1986 (3 vols).

–MONEDERO, Carmen (ed.), *Libro de Apolonio,* Madrid, Castalia, 1987.

–MONTANER, M. (ed.), *Cantar de Mio Cid,* Barcelona, Crítica, 1993.

–MORALEJO, José Luis (traducción, introducción y notas), *Cancionero de Ripoll,* Barcelona, Bosch, 1986.

–ORDUNA, Germán (ed.), Pero López de Ayala, *Rimado de Palacio,* Madrid, Castalia, 1987.

–PÉREZ PRIEGO, Miguel Ángel (ed.), Juan de Mena, *Obras completas*, Barcelona, Planeta, 1989.

–SEVERIN, Dorothy, y WHINNOM, Keith (eds), Diego de San Pedro, *Obras completas,* III. *Poesías*, Madrid, Castalia, 1979.

Manuales

–ALBORG, Juan Luis, *Historia de la literatura española,* I. *Edad Media y Renacimiento*, Madrid, Gredos, 1972.

–ALVAR, Carlos, y Ángel GÓMEZ MORENO, *La poesía lírica medieval*, Madrid, Taurus, 1987.

———, *La poesía épica y de clerecía medievales*, Madrid, Taurus, 1988.

–DEYERMOND, Alan, *Historia de la literatura española,* I. *La Edad Media*, Barcelona, Ariel, 4ª ed., 1978.

———, *Edad Media,* en *Historia y crítica de la Literatura Española,* dirigida por Francisco Rico, Barcelona, Crítica, 1980. Y *Edad Media. Primer suplemento*, Barcelona, Crítica, 1991. [Ambos volúmenes incluyen bibliografías críticas por géneros y etapas hasta las fechas de su publicación.]

–GÓMEZ REDONDO, Fernando, *Artes poéticas medievales*, Madrid, Laberinto, 2000.

–LÓPEZ ESTRADA, Francisco, *Introducción a la literatura medieval española*, Madrid, Gredos, 5ª ed. revisada, 1987.

6. LA EDICIÓN

Con la presente antología se ha pretendido ofrecer un panorama suficiente de la poesía escrita en la España medieval, con un criterio más amplio del que es habitual. Por ello, se recogen manifestaciones poéticas del latín peninsular y de las demás lenguas románicas: el mozárabe, el gallego-portugués, el catalán y el castellano. No obstante, dejamos fuera la poesía hispanoárabe e hispanohebrea, con notables cultivadores en Al-Andalus, y también la poesía en lengua vasca, de la que no conservamos testimonios escritos en este período.

En la selección se han dejado fuera las *Coplas* de Jorge Manrique, imprescindibles en cualquier antología de poesía española, porque a ellas se dedica un libro de esta colección y por no ser obra para ofrecer fragmentada. Tampoco recojo muestras amplias del *Cantar de Mio Cid*, de la obra de Berceo, del *Libro de Buen Amor*, así como de la lírica tradicional y del Romancero por encontrarse libros específicos en la presente colección. No ha sido posible, por razones de espacio, incluir textos de cantares de gesta reconstruidos, como los *Siete Infantes de Lara*, *Cantar de Sancho II* o de *La campana de Huesca*; ni tampoco ofrecer una muestra de poemas de base historiográfica, como *¡Ay Jerusalem!*, *Historia troyana polimétrica* o *Poema de Alfonso Onceno*, aunque por su brevedad y lirismo hemos incluido el *Cantar del rey don Alonso*; ha quedado fuera el *Libro de la infancia y muerte de Jesús* y poemas de clerecía del siglo XIV, como la *Vida de San Ildefonso*, *Libro de miseria de omne*, o los *Proverbios de*

Salamón; también la falta de espacio ha aconsejado dejar fuera la poesía aljamiada (*Poema de Yuçuf*, *Coplas de Yóçef* y poemas sobre Mahoma) y los textos de tipo litúrgico, obras todas de limitado interés literario. En la poesía de cancionero, más variada de lo que a menudo se cree, se han pretendido mostrar los diferentes géneros y temas cultivados con vistas a que el lector pueda por su cuenta ahondar en cada veta que aquí apuntamos. Las ediciones citadas en la bibliografía selecta bastarán para descubrir muchos miles de versos que aquí no se han podido incluir.

Aunque en el mercado hay colecciones que ofrecen textos actualizados, hemos renunciado a fáciles modernizaciones que hubieran falseado no sólo la lengua medieval, sino también aspectos tan fundamentales como la rima o la medida de los versos. Por otro lado, intentar regularizar con unos mismos criterios la lengua de este conjunto de textos, que se extiende desde el siglo XI hasta principios del XVI, hubiera sido un gran error. Por ello en cada caso se han tomado como base las ediciones más solventes que se citan en la bibliografía selecta, teniendo en cuenta a menudo otras de interés para un mismo texto. Como viene siendo habitual en las ediciones críticas de textos medievales, se desarrollan abreviaturas y se actualiza el uso de mayúsculas, la acentuación y la puntuación, a la vez que se regulariza el uso de ciertas grafías que no tienen carácter fonológico. Todas estas actuaciones buscan facilitar, siquiera un poco, la comprensión al lector de hoy sin traicionar la lengua en que se escribieron los poemas.

Poesía medieval

Poesía hispanolatina

Cancionero de Ripoll [1]

I

Ad amicam

Dulcis amica mei, ualeas per secula multa;
  Sis semper felix, dulcis amica mei.
Dulcis amica mei, superat tua forma puellas,
  Luna uelut stellas, dulcis amica mei.
Dulcis amica mei, nimiis feruoribus angor;
  Igne tui tangor, dulcis amica mei.
Dulcis amica mei, pro te nimis angor amore;
  Me tuus ardet amor, dulcis amica mei.
Dulcis amica mei, moriar, mihi crede, dolore,
  Ni mihi des uitam, dulcis amica mei.
Dulcis amica mei, uitam mihi si dare uelles,
  Quod uolo tu uelles, dulcis amica mei.
Dulcis amica mei, si queris quid uolo, uellem

[1] Para un conocimiento profundo de los *Carmina Rivipullensia* conviene consultar la edición de José Luis Moralejo, *Cancionero de Ripoll*, Barcelona, Bosch, 1986. Las traducciones que siguen son mías, teniendo a la vista las de J. L. Moralejo.

I

A la amiga

Dulce amiga mía, que vivas por muchos siglos;
que siempre seas feliz, dulce amiga mía.
Dulce amiga mía, tu belleza supera a la de todas las doncellas,
como la luna a las estrellas, dulce amiga mía.
Dulce amiga mía, excesivos ardores me angustian;
tu fuego me alcanza, dulce amiga mía.
Dulce amiga mía, por ti me angustia demasiado el amor,
tu amor me quema, dulce amiga mía.
Dulce amiga mía, moriré –créeme– de dolor,
si no me das la vida, dulce amiga mía.
Dulce amiga mía, si la vida quisieras darme,
lo que yo quiero tú quisieras, dulce amiga mía.
Dulce amiga mía, si preguntas qué quiero, quisiera

Tactum, non factum, dulcis amica mei.
Dulcis amica mei, satis est tractare papillam,
Hoscula iungendo, dulcis amica mei.

2

De Somnio

Si uera somnia forent que somnio,
Magno perhenniter replerer gaudio.
Aprilis tempore, dum solus dormio
In prato uiridi, iam satis florido,
Virgo pulcerrima, uultu sydereo,
Et proles sanguine progressa regio,
Ante me uisa est, que suo pallio
Auram mihi facit cum magno studio.
Auram dum uentilat, interdum dultia
Hore mellifluo iungebat basia,
Et latus lateri iuncxisset pariter,
Sed primum timuit ne ferrem grauiter.
Tandem sic loquitur: «Monitu Veneris
Ad te deuenio, dilecte iuuenis;
Face Cupidinis succensa pectore,
Mente te diligo cum toto corpore.
Ni me dilexeris sicut te diligo,
Credas quod moriar dolore nimio.
Quare te deprecor, o decus iuuenum,
Vt non me negligas, sed des solatium.

el contacto, no el acto, dulce amiga mía.
Dulce amiga mía, me basta con tocar tu seno,
uniendo nuestros labios, dulce amiga mía.[2]

2

De un sueño

Si fueran verdaderos los sueños que yo sueño,
me llenaría permanentemente de un gran gozo.
En tiempo de abril, mientras dormía solo
en un verde prado, ya bastante florido,
una hermosísima doncella, con rostro de estrella,
y retoño nacido de sangre regia,
ante mí apareció, la cual con su manto
aire me da con gran cuidado.
Mientras me abanica, de vez en cuando
con su boca de miel dulces besos me daba,
y al tiempo hubiera unido su costado al mío,
pero al principio temió que yo lo llevara a mal.
Al fin habla así: «Por consejo de Venus
a ti vengo, amado joven;
por la antorcha de Cupido inflamada en mi pecho,
te amo con la mente y con todo el cuerpo.
Si no me amas como yo te amo,
créeme que moriré por el excesivo dolor.
Por ello te ruego, belleza de los jóvenes,
que no me desdeñes, sino que me consueles.

[2] Las continuas repeticiones de la expresión *dulcis amica mei* han permitido a la crítica relacionar esta composición con los estribillos de la temprana lírica romance, como los de las cantigas de amigo.

Nec iuste poteris nunc me negligere,
Quippe sum regio progressa sanguine.
Aurum et pallia, uestes purpureas,
Renones griseos et pelles uarias,
Plures tibi dabo, si gratus fueris
Et, ut te diligo, sic me dilexeris.
Si pulcram faciem queris et splendidam,
Hic sum; me teneas, quia te diligam.
Cum nullus pulcrior te sit in seculo,
Vt pulcram habeas amicam cupio».
His uerbis uirginis commotus ilico,
Ipsam amplexibus duris circumligo.
Genas deosculans papillas palpito,
Post illud dulcius secretum compleo.
Inferre igitur possum quod nimium
Felix ipse forem et plus quam nimium,
Illam si uirginem tenerem uigilans
Quam prato tenui, dum fui uigilans.

Y no podrás en justicia desdeñarme ahora,
pues procedo de regia sangre.
Oro y mantos, ropas purpúreas,
capas grises y pieles variadas,
muchas te daré, si me fueras grato,
y, si como yo te amo, así tú me amaras.
Si un rostro buscas bello y espléndido,
aquí estoy: tómame, pues yo te amo.
Como no hay nadie más hermoso que tú en el mundo,
que tengas una hermosa amiga deseo».
Conmovido por estas palabras de la doncella,
al instante la estrecho con apretado abrazo.
Besando sus mejillas palpo sus pechos,
y luego aquel más dulce secreto alcanzo.
Puedo, por tanto, deducir que demasiado feliz
sería yo, y más que en demasía,
si poseyera a la muchacha aquella despierto
que en el prado tuve, hasta que estuve despierto.[3]

[3] En los elementos narrativos de esta pieza la crítica ha identificado uno de los precedentes latinos de las pastorales románicas. La "visión" durante el sueño emparenta este poema con la *Razón de amor*, n.º 32 de esta antología.

Jarchas mozárabes[4]

3

tanto amare tanto amare *habib tanto amare*
enfermeron olios nidios *e dolen tan male*

«tanto amar, tanto amar, amigo, tanto amar!
¡Enfermaron unos ojos brillantes y duelen tan mal!»[5]

4

ya qoragoni ke keres bon amar
mio al-furar
lesa e tu non le lesas de amar

«¡Oh corazón mío, que quieres amar bien! / Mi corderito se va / y tú no le dejas de amar».

---

[4] De cada jarcha doy la probable vocalización –ya que los textos carecen de vocales– junto con la versión castellana actual según Joseph Mª Solá Solé. Omito la transcripción y las posibles enmiendas que propone este investigador en su edición, de donde proceden las observaciones siguientes.

[5] Esta jarcha acompaña a una moaxaja hebrea de Yosef al-Katib, "el escriba". Es una composición panegírica dedicada a Abu Ibrahim Semuel y a su hermano Ishak. Dado que éste murió en 1042 y que la moaxaja se tuvo que componer cuando aún vivía, ésta es la más antigua de las jarchas romances fechadas. La jarcha, por lo tanto, declara la admiración profunda del poeta por el elogiado.

5

mio sidi Ibrahim ya tu uemne dolge fente mib de nohte
in non si nan keris irey-me tib gari-me a ob legar-te

«Mi señor Ibrahim, / oh tú hombre dulce, / vente a mí /de noche. / Si no, si no quieres, / ireme a ti, / dime adónde / encontrarte».

6

gar saves debina e debinas bi-al-haq(q)
gar-me k(u)and me bernad mio habibi Ishaq

«Pues sabes adivinación (cosa divina) / y adivinas verdaderamente, / dime cuándo vendrá a mí / mi amigo Ishaq».[6]

7

des k(u)and mio sidel(l)o benid tan bona al-bisara
kom raya de sole yesid en Wadalhagara

«Cuando mi señor (mi Cidello) viene / –¡qué buena albricia!– / como rayo de sol sale / en Guadalajara».[7]

[6] Como la anterior y las dos siguientes, acompaña a una moaxaja de Yehudá Haleví. Es una composición panegírica dedicada a Isaac ibn al-Muhagir. La jarcha presenta la particularidad de estar puesta en boca del pueblo entero que desea ver a este hombre poderoso.

[7] Cidello es el nombre por el que se conocía a un personaje muy influyente de la corte de Alfonso VI (Yosef ibn Ferrusiel). La jarcha celebra la venida de este magnate.

8

garid bos ay yermanel(l)as *kom kontenir e(l) mio male*
sin al-habīb non bibreyo *ed bolarey demandare*

«Decid(me) vosotras, ay compañeras, / cómo reprimir mi mal. / Sin el amigo no podré vivir / y volaré a buscarlo».

9

ke fare mam(m)a *mio al-habīb est ad yana*

«¿Qué haré, madre?; mi amigo está a la puerta».

LÍRICA GALLEGO-PORTUGUESA

PAY GÓMEZ CHARINHO[8]

10

As frores do meu amigo
briosas van no navio
E van-se as frores
d'aqui ben con meus amores!
Idas son as frores
d'aqui ben con meus amores!

As frores do meu amado
briosas van eno barco!
E van se as frores
d'aqui ben con meus amores!
Idas son as frores
d'aqui ben con meus amores!

---

[8] Importante personaje de la corte de Alfonso X que participó en la toma de Sevilla (1248) y luego en las luchas sucesorias. Esta cantiga de amigo evoca con nostalgia la partida del amado, ya en el barco, hacia la guerra. Nótese el procedimiento métrico del *leixa-pren* ("deja-toma") que permite encadenar los versos, dejando los primeros y retomando los segundos de cada estrofa. A la vez, se van repitiendo casi literalmente los versos a base de palabras sinónimas o alterando el orden de la frase, con lo que sólo el 25% del contenido es novedoso.

Briosas van no navio
pera chegar ao ferido.
E van-se as frores
d'aqui ben con meus amores!
Idas son as frores
d'aqui ben con meus amores!

Briosas van eno barco
pera chegar ao fossado.
E van-se as frores
d'aqui ben con meus amores!
Idas son as frores
d'aqui ben con meus amores!

Pera chegar ao ferido,
servir mi, corpo velido.
E van-se as frores
d'aqui ben con meus amores!
Idas son as frores
d'aqui ben con meus amores!

Pera chegar ao fossado,
servir mi, corpo loado.
E van-se as frores
d'aqui ben con meus amores!
Idas son as frores
d'aqui ben con meus amores!

Meendinho[9]

II

Sedia-m'eu na ermida de San Simion
e cercaron-mi as ondas, que grandes son:
eu atendend'o meu amigo,
eu atendend'o meu amigo!

Estando na ermida ant'o altar,
cercaron mi as ondas grandes do mar:
eu atendend'o meu amigo,
eu atendend'o meu amigo!

E cercaron-mi as ondas, que grandes son,
non ei i barqueiro, nen remador:
eu atendend'o meu amigo,
eu atendend'o meu amigo!

E cercaron-mi as ondas do alto mar,
non ei i barqueiro, nen sei remar:
eu atendend'o meu amigo,
eu atendend'o meu amigo!

Non ei i barqueiro, nen remador,
morrerei fremosa no mar maior:
eu atendend'o meu amigo,
eu atendend'o meu amigo!

Non ei i barqueiro, nen sei remar
morrerei fremosa no alto mar:

[9] Nada sabemos de este autor. Ésta es su única composición conocida y se ha convertido en pieza imprescindible de cualquier antología.

eu atendend'o meu amigo,
eu atendend'o meu amigo![10]

Martín codax[11]

12

Mandad' ey comigo
ca ven meu amigo:
E irey, madr', a Vigo!

Comigu' ey mandado
ca ven meu amado:
E irey, madr', a Vigo!

Ca ven meu amigo
e ven san' e vivo:
E irey, madr', a Vigo!

Ca ven meu amado
e ven viv' e sano:
E irey, madr', a Vigo!

---

[10] La ermita de San Simón se sitúa en una pequeña isla de la ría de Vigo. Aunque entonces sólo quedaba incomunicada con marea alta, hoy lo está de forma permanente. La joven se encuentra sola, sin su amado, y no tiene quién la saque de la isla. De forma gradual el mar se va transformando en una amenaza creciente que culmina con la muerte en plena juventud. Hoy la citada isla empieza a convertirse en lugar de peregrinación poética entre los amantes de la antigua poesía gallego-portuguesa.

[11] Su obra pertenece a la segunda mitad del siglo XIII y ofrece el interés añadido de haberse conservado la música de seis de sus siete cantigas en el llamado "Rótulo de Vindel", manuscrito copiado en el tránsito del siglo XIII al XIV.

Ca ven san' e vivo
e d'el-rey amigo:
E irey, madr', a Vigo!

Ca ven viv' e sano
e d'el-rey privado:
E irey, madr', a Vigo![12]

AYRAS NUNES[13]

13

Bailemos nós ja todas tres, ay amigas,
so aquestas avelaneyras frolidas,
e quen for velida como nós, velidas,
se amigo amar,
so aquestas avelaneyras frolidas
verrá baylar.

Bailemos nós ja todas tres, ay irmanas,
so aqueste ramo d'estas avelanas,
e quen for louçana como nós, louçanas,
se amigo amar,
so aqueste ramo d'estas avelanas
verrá baylar.

Por Deus, ay amigas, mentr'al non fazemos
so aqueste ramo frolido baylemos,

---

[12] La llegada del amigo, que sirve al rey, es la causa de la alegría de la joven, que se dispone a ir a Vigo para recibirlo.

[13] Su nombre aparece copiado en uno de los códices de las *Cantigas* del Rey Sabio, sin que podamos precisar si colaboró con él en su composición. Poeta muy culto, estuvo al servicio de Sancho IV en sus luchas contra Alfonso de la Cerda.

e quen ben parecer como nós parecemos,
se amigo amar,
so aqueste ramo, sol que nós bailemos,
verrá bailar.[14]

PERO MEOGO

14

Levou-s'a louçana, levou-s'a velida:
vay lavar cabelos, na fontana fria.
Leda dos amores, dos amores leda.

Levou-s'a velida, levou-s'a louçana:
vay lavar cabelos, na fria fontana.
Leda dos amores, dos amores leda.

Vay lavar cabelos, na fontana fria:
passou seu amigo, que lhi ben queria.
Leda dos amores, dos amores leda.

Vay lavar cabelos, na fria fontana:
passa seu amigo, que a muyt'amava.
Leda dos amores, dos amores leda.

Passa seu amigo, que lhi ben queria:
o cervo do monte a áugua volvia.
Leda dos amores, dos amores leda.

---

[14] Se considera ésta una típica cantiga de seguir, por parafrasear una pieza de Johan Zorro. Se trata de una invitación de la joven a que bailen con ella sus amigas. Véase cómo la métrica ya no es la del *leixa pren* y cómo entre los versos del estribillo se introduce una leve variación.

Passa seu amigo, que a muyt'amava:
o cervo do monte volvia a áugua.
Leda dos amores, dos amores leda.[15]

Nuno Fernández Torneol

15

Levad', amigo que dormides as manhanas frias;
Toda las aves do mundo d'amor dizian.
Leda mh'and'eu.
Levad', amigo que dormide-las frias manhanas;
Toda las aves do mundo d'amor cantavan.
Leda mh'and'eu.
Toda las aves do mundo d'amor dizian;
do meu amor e do voss'en ment'avyan.
Leda mh'and'eu.
Todalas aves do mundo d'amor cantavan;
do meu amor e dos voss'y enmentavan.
Leda mh'and'eu.
Do meu amor e do voss'en ment'avyan;
vós lhi tolhestes os ramus en que siian.
Leda mh'and'eu.
Do meu amor e do voss'y enmentavan;
vós lhi tolhestes os ramus en que pousavan.
Leda mh'and'eu.

[15] Tanto la acción de lavarse los cabellos como el hecho de que el ciervo revuelva el agua son símbolos eróticos bien documentados en la lírica románica. La repetición del estribillo, "alegre de amores", y los motivos de la fuente y el alba igualmente evocan la situación propicia para el encuentro amoroso, como se confirma en la cantiga siguiente.

Vós lhi tolhestes os ramus en que siian.
e lhis secastes as fontes en que bevian.
Leda mh'and'eu.
Vós lhi tolhestes os ramus en que pousavan
e lhis sacastes as fontes hu sse banhavan.
Leda mh'and'eu. [16]

Don Denís [17]

16

Senhor, dizem vos por meu mal
que nom trobo com voss' amor,
mais ca m'ei de trobar sabor;
e nom mi valha Deus nem al
se eu trobo por m' em pagar,
mais faz-me voss' amor trobar.

E essa que vos vai dizer
que trobo porque me pagu'em,

---

[16] Esta hermosa composición es una de las pocas *albas* reconocidas como tales en los cancioneros gallego-portugueses. Se distinguen dos partes bien distintas: en la primera (estrofas I-IV) la joven describe una mañana de primavera en que las aves cantan el amor de ambos; en la segunda (V-VIII) le acusa al amigo de romper ese *locus amoenus* quitándoles las ramas donde se posaban para cantar y secándoles las fuentes donde bebían y se bañaban.

[17] Don Denís de Portugal (Lisboa, 1261-Santarem, 1325) fue un gran mecenas de juglares y trovadores, hasta el punto de desplazar el centro de atención de éstos a su corte. Amante de muchas mujeres y padre de hijos ilegítimos (entre ellos los dos últimos trovadores) es el autor del que nos han llegado más composiciones, en concreto 138 pertenecientes a los principales géneros.

e nom por vós que quero bem,
mente; ca nom veja prazer,
se eu trobo por m' em pagar,
mais faz-me voss' amor trobar.

E pero quem vos diz que nom
trobo por vós que sempr' amei,
mais por gram sabor que m'end'ei,
mente; ca Deus nom mi perdom,
se eu trobo por m' em pagar,
mais faz-me voss' amor trobar. [18]

ALFONSO X [19]

17

Esta é de loor de Santa Maria,
por quantas mercees nos faz

Virga de Jesse,
quen te soubesse
loar como mereces,
e sen ouvesse

---

[18] El poeta, recreando un tópico, se queja en esta cantiga de amor de que le acusen de escribir por su afición a escribir versos, pero él se defiende diciendo que "más le hace trovar su amor".

[19] El rey Alfonso X el Sabio (1221-1284), anterior cronológicamente al rey don Denís, es conocido como poeta sobre todo por los maravillosos códices de las *Cantigas de Santa María*, monumentos incuestionables de la música, de la poesía y del arte de las miniaturas en la segunda mitad del siglo XIII. Mucho menos citadas son sus cantigas de amor, de escarnio y de maldecir, como una dedicada a un deán de Cádiz a quien acusa de su conducta lujuriosa.

per que dissesse
quanto por nos padeces!

Ca tu noit' e dia
senpr' estás rogando
teu Fill', ai Maria,
por nos que, andando
aqui peccando
e mal obrand'–o
que tu muit' avorreces–
non quera, quando
sever julgando,
catar nossas sandeces.
Virga de Jesse...

E ar todavia
sempr' estás lidando
por nos a perfia
o dem' arrancando,
que, sossacando,
nos vai tentando
con sabores rafeces;
mas tu guardando
e anparando
nos vas, poi-lo couseces.
Virga de Jesse...

Miragres fremosos
vas por nos fazendo
e maravillosos,
per quant' eu entendo,
e corregendo
muit' e soffrendo,

ca non nos escaeces,
e, contendendo,
nos defendendo
do demo, que sterreces.
Virga de Jesse...

Aos soberviosos
d'alto vas decendo,
e os omildosos
en onrra crecendo,
e enadendo
e provezendo
tan santas grãadeces.
Poren m' acomendo
a ti e rendo,
que os teus non faleces.
Virga de Jesse...

Prosificación castellana:[20]

Esta estoria es fecha a cantiga e loor de Santa María, ennobleçiendo e loando a las virtudes e noblezas della, e de cóme el muy noble rey don Alfonso, con devoçión de la servir, fazíe su oraçión a esta Señora; e a la Verga de Jesé onde ella venía en que está estoriado cómo Santa María ruega noche e día al su Fijo por nós; e cómo lidia por nós e vençe a los

[20] En el códice T de las *Cantigas* (Biblioteca de El Escorial, T.j.1) se copiaron a pie de página las traducciones resumidas de las cantigas 2-25. Prefiero ofrecer estas versiones, también del siglo XIII, por parecerme suficientes para comprender los respectivos milagros. Esta cantiga y la que sigue llevan respectivamente los números 20 y 21.

diablos, e cómo faze por nós muchos miraglos, sanando los enfermos e reçucitando los muertos; e cómo nos castiga que seamos sienpre buenos; e cómo abaxa los soberviosos e ensalça los omildosos; e cómo con quantos loores le podríamos dezir non egualariemos a dezir quantas vertudes e bienes á en esta bienaventurada Virgen. Ella sea loada e bendita por siempre jamás.

18

Esta é como Santa Maria fez aver fillo a hua moller manya, e depois morreu-lle, e ressocitou-llo

Santa Maria pod' enfermos guarir
quando xe quiser, e mortos resorgir.

Na que Deus seu Sant' Esperit' enviou,
e que forma d'ome en ela fillou,
non é maravilla se del gaannou
vertude per que podess' esto comprir.
Santa Maria pod' enfermos guarir...

Porend' un miragr' aquesta Reya
santa fez mui grand' a hua mesqya
moller, que con coita de que manya
era, foi a ela un fillo pedir.
Santa Maria pod' enfermos guarir...

Chorando dos ollos mui de coraçon,
lle diss': «Ai Sennor, oe mia oraçon,
e por ta mercee un fillo baron
me dá, con que goy' e te possa servir.»
Santa Maria pod' enfermos guarir...

Log' o que pediu lle foi outorgado,
e pois a seu tenp' aquel fillo nado
que a Santa Maria demandado
ouve, ca lle non quis eno don falir.
Santa Maria pod' enfermos guarir...

Mas o meny', a pouco pois que naceu,
dua forte fever mui cedo morreu;
mas a madre per poucas ensandeceu
por el, e sas faces fillou-ss' a carpir.
Santa Maria pod' enfermos guarir...

Enton a cativa con gran quebranto
ao moesteir'o levou e ant' o
altar o pos, fazendo tan gran chanto,
que toda-las gentes fez a ssi viir.
Santa Maria pod' enfermos guarir...

E braandando começou a dizer:
«Santa Maria, que me fuste fazer
en dar-m' este fill' e logo mio toller,
por que non podesse con ele goyr?
Santa Maria pod' enfermos guarir...

Sennor, que de madre nome me déste,
en toller-mio logo mal me fezeste;
mas polo prazer que do teu ouveste
Fillo, dá-m' este meu que veja riir.
Santa Maria pod' enfermos guarir...

Ca tu soa es a que mio podes dar,
e porend'a ti o venno demandar;
onde, groriosa Sennor, sen tardar

dá-mio vivo, que aja que ti gracir.»
Santa Maria pod' enfermos guarir...

Log' a oraçon da moller oyda
foi, e o menyo tornou en vida
por prazer da Virgen santa conprida,
que o fez no leit' u jazia bolir.
Santa Maria pod' enfermos guarir...

Quand' esto viu a moller, ouve pavor
da primeir', e pois tornou-sse-l' en sabor;
e deu poren graças a Nostro Sennor
e a ssa Madre, porque a quis oyr.
Santa Maria pod' enfermos guarir...

Prosificación castellana:

Esta estoria es de cómo una muger, seyendo mañera con pesar grande que avíe porque non avíe fijos, llorando de sus ojos, fizo petiçión a Santa María que le diese un fijo varón, e Santa María otorgóle el don, e desque el niño fue naçido, recreçióle fiebre de que ovo a morir.

E la madre, con grant dolor de su muerte, llevólo ante Santa María onde primeramiente lo pediera e díxole:

–«Señora, tú que de madre nombre me diste, fezísteme mucho mal en me lo toller, mas por el plazer que del tu Fijo oviste, dame este mío con que aya solaz.»

E la Virgen Santa María, con grant piadat que della ovo, resucitóle al fijo, e la buena mujer fue muy alegre e con grant gozo rrendió por ello graçias a Santa María.

E por este miraglo fue ordenada esta cantiga que dize asy:

Santa María puede enfermos guarir,
quando ella quesier e muertos resurgir.

LÍRICA CATALANO-PROVENZAL

GUILLEM DE BERGUEDÀ[21]

19

I Consiros cant e planc e plor
pel dol qe·m a sasit et pres
al cor per la mort Mon Marqes,
En Pons, lo pros de Mataplana,
qi era francs, larcs e cortes,
e an totz bos captenimens,
e tengutz per un dels melhors
qi fos de San Marti de Tors
tro... et la terra plana.

II Loncs consiriers ab greu dolor
a laisat e nostre paes
ses conort, qe no·i a ges
En Pons, lo pros de Mataplana;

[21] Se conocen unos cuantos datos de la vida de este trovador, perteneciente a la antigua nobleza catalana. De carácter exaltado y retador, como deja ver su poesía, en 1175 mató a traición al vizconde de Cardona, razón por la que tuvo que refugiarse en casa de un amigo que era contrario al rey. Fue poseedor de varios castillos y extensas propiedades. Son célebres sus violentos *sirventeses* contra el rey Alfonso II, el obispo de Urgel u otros nobles vecinos. Ofrezco mi traducción, que tiene en cuenta la de Martín de Riquer.

19

I Acongojado canto y plaño y lloro
por el dolor que me ha invadido y me ha cogido
el corazón por la muerte de Mi Marqués,
Ponç, el noble de Mataplana,
que era franco, generoso y cortés,
y con todas las buenas cualidades,
y tenido por uno de los mejores que hubo
desde San Martín de Tours
hasta [...] y la tierra llana.

II Largas congojas con grave dolor
ha dejado y a nuestro país
sin consuelo, pues ya no está
Ponç, el noble de Mataplana:

paians l'an mort, mais Dieu l'a pres
a sa part, qe·l sera garens
dels grans forfatz et dels menors
qe·ls angels li foron auctors,
car mantenc la lei cristiana.

III Marqes, s'eu dis de vos follor,
ni motz vilans ni mal apres,
de tot ai mentit e mespres,
c'anc, pos Dieu basti Mataplana,
no·i ac vassal qe tan valges,
ni qe tant fos pros ni valens,
ni tan onratz sobre·ls aussors,
jas fosso ric vostr'ancesors;
et non o dic ges per ufana.

IV Marqes, la vostra desamor
e l'ira qu'e nos dos se mes
volgra ben, se a Dieu plages,
ans qu'eissisetz de Mataplana,
fos del tot pais per bona fes;
qe·l cor n'ai trist e·n vauc dolens
car no fui al vostre socors,
qe ja no m'en tengra paors
no·us valges de la gent truffana.

V E paradis el luoc melhor,
lei o·l bon rei de Fransa es,
prop de Rolan, sai qe l'arm'es
de Mon Marqes de Mataplana;
e mon joglar de Ripoles,
e mon Sabata eisamens,
estan ab las domnas gensors

paganos lo han muerto, pero Dios lo ha acogido
a su lado, que le será garante
de los grandes pecados y de los menores,
porque los ángeles le fueron testigos,
ya que mantuvo la ley cristiana.

III Marqués, si yo dije de vos necedades
y palabras villanas y malsonantes,
en todo he mentido y errado,
pues nunca, desde que Dios levantó Mataplana,
hubo allí vasallo que tanto valiese
y que fuera tan noble y valiente,
ni tan honrado sobre los más encumbrados
aunque fueron poderosos vuestros antecesores
y no lo digo por jactancia.

IV Marqués, vuestro desamor,
y la ira que se interpuso entre los dos,
yo hubiera querido, si a Dios le hubiera parecido
que, antes de que salieseis de Mataplana
todo hubiera sido paz por buena fe;
que tengo el corazón triste y voy dolido
porque no acudí en vuestro socorro,
ya que no hubiera tenido miedo
de valeros contra la gente engañosa.

V En el mejor lugar del paraíso,
allí donde está el buen rey de Francia,
cerca de Roldán, sé que el alma está
de Mi Marqués de Mataplana está
y donde mi juglar de Ripollés,
y asimismo mi Sabata,
están con las damas más gentiles

sobr'u pali cobert de flors,
josta N'Olivier de Lausana.[22]

Ausias March[23]

20

I Ja no esper que si·amat,
car mon voler no·us veu report
per mon esforç, qui no ·s tan fort
que dir que·us am haja gosat.

---

[22] En este sentido *planto*, uno de los más hermosos escritos en provenzal, el poeta se arrepiente de sus anteriores acusaciones al Marqués de Mataplana y llora su muerte prescindiendo de los lugares más comunes del género. Adviértase cómo en la última estrofa el poeta encumbra el alma del Marqués junto a la de los grandes héroes de la épica francesa: el rey de Francia (Carlomagno), Roldán y Oliveros.

[23] Ausias March (h. 1397-1459) es el poeta más importante de la literatura catalana medieval y uno de los más grandes de las letras europeas en la Edad Media. Es el primero en abandonar la lengua provenzal, utilizada hasta entonces en la poesía en el nordeste peninsular, y en utilizar su lengua: el catalán. Descendiente de una influyente familia valenciana, nació en Gandía. Reconocido como heredero universal por su padre, se convirtió siendo adolescente en señor de Beniarjó, Pardines y Verniza. En 1415 ya figura como "doncel", como hijo de caballero al servicio de Fernando I de Antequera, rey de Aragón. En 1420 acompaña a su hijo Alfonso V el Magnánimo en la campaña contra Cerdeña, y luego en la de Córcega, con una actuación reconocida por el monarca. Tras su paso por Gandía, en 1424 vuelve a Italia para reforzar al ejército de Alfonso V y alcanzar la victoria contra una sedición napolitana. Su intervención heroica es encomiada por el rey y con ello se perpetúa su fama militar. El rey le reconoce los privilegios que tenía y le concede otros nuevos. Tras esta breve experiencia militar, Ausias March se recluye en Gandía para administrar sus propiedades. Aunque apenas hay en sus versos referencias a Italia, la cultura italiana de Dante y Petrarca pesará en su obra no menos que la provenzal. No obstante el peso de la tradición, la libertad y complejidad con que expresa sus sentimientos imprimen un sello de modernidad a su poesía, que fue muy admirada por los poetas del Siglo de Oro.

sobre una tela cubierta de flores,
junto a don Oliveros de Lausana.

20*

I Ya no espero que sea amado
porque mi querer no os ve corresponder
a mi esfuerzo, que no es tan fuerte
que decir que os amo haya osado.

* Presento mi traducción frente a los versos catalanes teniendo a la vista la traducción de Rafael Ferreres.

Per vós me só mès en amar,
e mon ull no·m vol descobrir,
molt menys ma llengua volrà dir
ço que·l gest no gosa mostrar.

II Volgr· haver l'ull tan esforçat
ab què·us mostràs lo que dins port,
e que·us fes venir en acort
què diu l'esguart enamorat.
De mon cor no puch compte far
ne de ma llengua per lo dir;
dien que·s deu l'ull atrevir,
car mills se'n pot atràs tornar.

III Sobre vós és tot bé cargat,
mas feu semblant no voler port
de la mercè qui·l càrrech tort
ab son bell giny ha redreçat.
¿Qui pot ne deu tal feix portar,
volent tal pena soferir?
E la mercè no hy vol suplir
per lo gran càrrech parençar.

IV ¿Qui és aquell tan malfadat
que sens esper li fall conort,
e no s'esforç contra·l cas fort,
puys en aquell és desperat?
E yo no·m puch aconortar,
ans prench tot giny per no sentir
los grans afanys qui·m sent venir
en part venguts per no gosar.

V No puch recollir lo desgrat

Por vos estoy enamorado,
pero mis ojos no me lo quieren descubrir;
mucho menos mi lengua querrá decir
eso que el gesto no se atreve a mostrar.

II Quisiera tener los ojos tan atrevidos
de forma que os mostrasen lo que llevo dentro,
y que os hicieran estar de acuerdo
con lo que dice la mirada enamorada.
No puedo hacer cuenta de mi corazón,
ni de mi lengua para decirlo.
Decían que se deben los ojos atrever
ya que mejor se puede atrás volver.

III En vos está reunido todo bien,
mas ponéis gesto de no querer
la merced para quien la torcida carga
con su buen ingenio ha enderezado.
¿Quién puede ni debe tal carga llevar,
queriendo tal pena sufrir?
Y la piedad no lo quiere suplir
por aparentar la gran carga.

IV ¿Quién es aquel tan malhadado
que sin esperanza le falta consuelo,
y no se esfuerza contra el caso difícil
pues en él está desesperado?
Yo no me puedo consolar,
antes me esfuerzo completamente por no sentir
las grandes ansias que me atenazan,
en parte venidas por no atreverme.

V No puedo asumir el desagrado

que·m ve de mi, sens fer-me tort;
faent menys mal, vey passar mort
a molt mesquí desventurat;
car no·m só mè en assajar
d'ésser lo mils nat en ahuyr,
per no poder mi enardir
en passions d'amor mostrar.

VI Les dones prech vullen pensar
cascu·n ab quin esguart la mir:
en lo gest me vull enardir
puys que Amor m'ha tolt parlar.

que me viene de mí, sin hacerme daño;
haciendo menos mal veo morir
a muchos muy infelices desventurados;
ya que no me he puesto a intentar
ser el nacido con mejores augurios
por no poderme enardecer
en pasiones para mostrar el amor.

VI Ruego a las mujeres que quiera pensar
cada una con qué mirada la contemplo;
con el gesto me quiero enardecer
pues Amor me ha quitado la palabra.

Juglaría

Cantar de mio Cid

22

De Vivar a Burgos

De los sos ojos   tan fuertemientre llorando,
tornava la cabeça   e estávalos catando.
Vio puertas abiertas   e uços sin cañados,[24]
alcándaras[25] vazías,   sin pielles e sin mantos,
e sin falcones   e sin adtores mudados.[26]
Sospiró mio Cid,   ca[27] mucho avié grandes cuidados,
fabló mio Cid   bien e tan mesurado:
–¡Grado a ti, Señor,   Padre que estás en alto!
¡Esto me an buelto   mios enemigos malos!–

Allí piensan de aguijar,[28]   allí sueltan las riendas.
A la exida[29] de Bivar   ovieron la corneja diestra
e entrando a Burgos   oviéronla siniestra.[30]

---

[24] *uços sin cañados*: puertas sin candados.
[25] *alcándaras*: perchas.
[26] *adtores mudados*: azores que han mudado la pluma.
[27] *ca*: porque.
[28] *allí piensan de aguijar*: se disponen a cabalgar.
[29] *exida*: salida.
[30] *A la... siniestra*: la aparición de una corneja al lado derecho y luego al izquierdo significa que tras un buen augurio les llega otro malo.

Meció mio Cid los ombros   e engrameó la tiesta:[31]
–¡Albricia,[32] Álbar Fáñez,   ca echados somos de tierra!–

Mio Cid Ruy Díaz   por Burgos entró,
en su conpaña   sessaenta pendones.[33]
Exiénlo ver   mugieres e varones,
burgeses e burgesas   por las finiestras son,
plorando de los ojos,   tanto avién el dolor,
de las sus bocas todos   dizían una razón:
–¡Dios, qué buen vassallo,   si oviesse buen señor!–[34]

Conbidarle ien de grado,[35]   mas ninguno non osava:
el rey don Alfonso   tanto avié la grand saña.
Antes de la noche,   en Burgos d'él entró su carta
con grand recabdo[36]   e fuertemientre sellada:
que a mio Cid Ruy Díaz   que nadi no·l' diessen posada,
e aquel que ge la diesse   sopiesse vera palabra,
que perderié los averes   e más los ojos de la cara,
e aun demás   los cuerpos e las almas.
Grande duelo avién   las yentes cristianas,
ascóndense de mio Cid,   ca no l'osan dezir nada.
El Campeador   adeliñó a su posada,[37]

---

[31] *engrameó la tiesta*: sacudió la cabeza, como para conjurar la mala señal.

[32] *¡Albricia!*: ¡qué buena noticia! Dado el contexto, tiene un significado irónico, casi sarcástico.

[33] *sessaenta pendones*: sinécdoque para denominar a los sesenta caballeros que acompañaban al Cid, cada uno de los cuales llevaba su lanza con su trozo de tela que era el pendón.

[34] El segundo hemistiquio se ha interpretado como condicional, pero también como optativo: "ojalá tuviera buen señor".

[35] *Conbidarle ien de grado*: de buena gana le convidarían.

[36] *con grand recabdo*: con gran precaución.

[37] *adeliñó a su posada*: se dirigió a donde solía hospedarse.

así commo llegó a la puerta,   fallóla bien cerrada,
por miedo del rey Alfonso   que assí la avién parada[38]
que si non la quebrantás por fuerça,   que non ge la abriese
[nadi.
Los de mio Cid   a altas vozes llaman,
los de dentro   non les querién tornar palabra.
Aguijó mio Cid,   a la puerta se llegava,
sacó el pie del estribera,   una ferida·l' dava;[39]
non se abre la puerta,   ca bien era cerrada.
Una niña de nuef años   a ojo se parava:[40]
–¡Ya Campeador,   en buen ora cinxiestes espada![41]
El rey lo ha vedado,   anoch d'él entró su carta
con grant recabdo   e fuertemientre sellada.
Non vos osariemos   abrir nin coger por nada;
si non, perderiemos   los averes e las casas,
e demás   los ojos de las caras.
Cid, en el nuestro mal   vós non ganades nada,
mas el Criador vos vala[42]   con todas sus vertudes santas.–
Esto la niña dixo   e tornós' pora su casa.
Ya lo vee el Cid,   que del rey non avié gracia;
partiós' de la puerta,   por Burgos aguijava,
llegó a Santa María,   luego descavalga,
fincó los inojos,[43]   de coraçón rogava.
La oración fecha,   luego cavalgava,

---

[38] *la avién parada*: la habían dispuesto así.

[39] *sacó... dava*: dio un golpe a la puerta.

[40] *a ojo se parava*: se le paró a la vista, es decir, se le puso delante.

[41] Es uno de los epítetos épicos, éste de tipo astrológico, más repetidos en el *Cantar.* Véase luego el verso 58. Quiere decir que tomó la espada o fue armado caballero cuando los astros le eran favorables.

[42] *mas el Criador vos vala*: pero el Creador os proteja.

[43] *fincó los inojos*: se hincó de rodillas.

salió por la puerta   e Arlançón[44] passava;
cabo essa villa   en la glera posava,[45]
fincava la tienda   e luego descavalgava.
mio Cid Ruy Díaz,   el que en buen ora cinxo espada,
posó en la glera   cuando no·l' coge nadi en casa,
derredor d'él   una buena conpaña;
assí posó mio Cid   commo si fuesse en montaña.
Vedada l'an conpra   dentro en Burgos la casa
de todas cosas   cuantas son de vianda;
non le osarién vender   al menos dinarada.[46]

23

Derrotado el conde don Remont, se niega a comer

Vencido á esta batalla   el que en buen ora nasco,
al conde don Remont   a presón le á tomado.

Ý gañó a Colada,   que más vale de mill marcos de plata,
ý[47] benció esta batalla,   por o ondró su barba.[48]
Prísolo al conde,   pora su tienda lo levava,
a sos creenderos[49]   guardarlo mandava.
De fuera de la tienda   un salto dava,
de todas partes   los sos se ayuntavan;
plogo a mio Cid   ca grandes son las ganancias.
A mio Cid don Rodrigo   grant cozina l'adobavan,[50]

---

[44] El Arlanzón es el río que pasa por Burgos.

[45] *en la glera posava*: acampó en la *glera*, es decir, en la orilla del río.

[46] *al menos dinarada*: ni siquiera cosas de poco valor.

[47] ý: allí.

[48] *por o ondró su barba*: por lo cual honró su barba, que a lo largo del *Cantar* es símbolo de su honor y virilidad.

[49] *creenderos*: fieles servidores.

[50] *grant cozina l'adobavan*: le preparaban una gran comida (para celebrarlo).

el conde don Remont   non ge lo precia nada;
adúzenle los comeres,   delant ge los paravan,
él non lo quiere comer,   a todos los sosañava:[51]
–Non combré un bocado   por cuanto ha en toda España,
antes perderé el cuerpo   e dexaré el alma,
pues que tales malcalçados[52]   me vencieron de batalla.–

Mio Cid Ruy Díaz   odredes[53] lo que dixo:
–Comed, conde, d'este pan   e beved d'este vino;
si lo que digo fiziéredes   saldredes de cativo,
si non, en todos vuestros días   non veredes cristianismo.–
Dixo el conde: –Comede, don Rodrigo   e pensedes de folgar,
que yo dexarm'é morir,   que non quiero yantar.–

Fasta tercer día   no·l' pueden acordar;[54]
ellos partiendo   estas ganancias grandes,
no·l' pueden fazer comer   un muesso[55] de pan.

Dixo mio Cid: –Comed, conde, algo,
ca si non comedes,   non veredes cristianos;
e si vós comiéredes   don yo sea pagado,
a vós   e a dos fijosdalgo
quitarvos he los cuerpos   e darvos é de mano.–[56]
Cuando esto oyó el conde   ya s'iva alegrando:
–Si lo fiziéredes, Cid,   lo que avedes fablado,
tanto cuanto yo viva   seré dent maravillado.–
–Pues comed, conde,   e cuando fuéredes yantado
a vós e a otros dos   darvos he de mano,

---

[51] *sosañava*: desdeñaba.
[52] *malcalçados*: gente mal calzada, desharrapada.
[53] *odredes*: oiréis.
[54] *acordar*: volverle a la cordura, meterle en razón.
[55] *muesso*: bocado.
[56] *e darvos é de mano*: os dejaré en libertad.

mas cuanto avedes perdido   e yo gané en canpo,
sabet, non vos daré   a vós un dinero malo, 1042
ca huebos me lo he[57]   e pora estos mios vassallos 1044
que conmigo   andan lazrados. 1045
Prendiendo de vós e de otros   irnos hemos pagando,
abremos esta vida   mientra ploguiere al Padre Santo,
commo qui ira á de rey[58]   e de tierra es echado.–
Alegre es el conde   e pidió agua a las manos,
e tiénengelo delant   e diérongelo privado. 1050
Con los cavalleros   que el Cid le avié dados,
comiendo va el conde,   ¡Dios, qué de buen grado!
Sobr'él sedié[59]   el que en buen ora nasco:
–Si bien non comedes, conde,   don yo sea pagado,
aquí feremos la morada,   no nos partiremos amos.– 1055
Aquí dixo el conde: –¡De voluntad e de grado!–
Con estos dos cavalleros   apriessa va yantando;
pagado es mio Cid,   que lo está aguardando,
porque el conde don Remont   tan bien bolvié las manos.
–Si vos ploguiere, mio Cid,   de ir somos guisados; 1060
mandadnos dar las bestias   e cavalgaremos privado.
Del día que fue conde   non yanté tan de buen grado,
el sabor que dend é   non será olbidado.–
Danle tres palafrés   muy bien ensellados
e buenas vestiduras   de pelliçones e de mantos. 1065
El conde don Remont   entre los dos es entrado,
fata cabo del albergada   escurriólos el castellano:[60]

---

[57] *ca huebos me lo he*: me haría falta a mí.
[58] *commo qui ira á de rey*: como quien es víctima de la ira del rey.
[59] *Sobr'él sedié*: estaba junto a él.
[60] *fata... castellano*: hasta el fin del campamento fue a despedirle el castellano.

–¡Ya vos ides, conde, a guisa de muy franco!
¡En grado vos lo tengo lo que me avedes dexado!
Si vos viniere emiente[61] que quisiéredes vengallo,
si me viniéredes buscar, fallarme podredes,
o me dexaredes de lo vuestro o de lo mio levaredes algo.–
–Folguedes ya, mio Cid, sodes en vuestro salvo;
pagado vos he por todo aqueste año,
de venirvos buscar sol non será pensado.–[62]

24

El rey Alfonso perdona al Cid

De un día es llegado antes[63] el rey don Alfonso;
cuando vieron que vinié el buen Campeador,
recebirlo salen con tan grand onor.
Don lo ovo a ojo el que en buen ora nació,
a todos los sos estar[64] los mandó,
sinon a estos cavalleros que querié de coraçón.
Con unos quinze a tierra·s' firió;[65]
commo lo comidía[66] el que en buen ora nació,
los inojos e las manos en tierra los fincó,
las yerbas del campo a dientes las tomó.
Llorando de los ojos, tanto avié el gozo mayor,
así sabe dar omildança a Alfonso so señor.
De aquesta guisa a los pies le cayó,
tan grand pesar ovo el rey don Alfonso:

---

[61] *Si vos viniere emiente*: si os viniere a la cabeza.
[62] *sol non será pensado*: ni siquiera será pensado.
[63] *De un día es llegado antes*: ha llegado con un día de antelación.
[64] *estar*: pararse.
[65] *a tierra·s' firió:* echó pie a tierra.
[66] *commo lo comidía*: tal como había planeado.

–¡Levantados en pie,   ya Cid Campeador!
Besad las manos,   ca los pies no;
si esto non feches,   non avredes mi amor.–[67]
Hinojos fitos[68]   sedié el Campeador:
–¡Merced vos pido a vós,   mio natural señor!
Assí estando,   dédesme vuestra amor,
que lo oyan   cuantos aquí son.–
Dixo el rey: –Esto feré   d'alma e de coraçón.
Aquí vos perdono   e dovos mi amor
e en todo mio reino   parte desde oy.–
Fabló mio Cid   e dixo esta razón:
–¡Merced! Yo lo recibo,   don Alfonso, mio señor.
Gradéscolo a Dios del cielo   e después a vós
e a estas mesnadas   que están aderredor.–
Hinojos fitos,   las manos le besó,
levós' en pie   e en la boca·l' saludo.[69]
Todos los demás   d'esto avién sabor,
pesó a Álbar Díaz   e a Garcí Ordóñez.[70]
Fabló mio Cid   e dixo esta razón:
–Esto gradesco   al Criador,
cuando he la gracia   de don Alfonso mio señor;
valerme á Dios   de día e de noch.
¡Fuéssedes mi huésped,   si vos ploguiesse, señor!–
Dixo el rey: –Non es aguisado oy:[71]

---

[67] *Si... amor*: "si no hacéis esto, no tendréis mi favor" (quizá por no querer que se humillara en exceso).

[68] *Hinojos fitos*: plantado de hinojos.

[69] Al besarle las manos le expresa su vasallaje; con el beso en la boca el Cid completa su entrega y sumisión.

[70] Personajes históricos, cuñado el uno del otro y adversarios del Cid.

[71] *Non es aguisado oy*: no es conveniente hoy.

vós agora llegastes   e nós viniemos anoch,
mio huésped seredes,   Cid Campeador,
e cras feremos   lo que ploguiere a vós.–
Besóle la mano,   mio Cid lo otorgó.
Essora se le omillan   los ifantes de Carrión:
–¡Omillámosnos, Cid,   en buen ora nasquiestes vós!
En cuanto podemos   andamos en vuestro pro.–
Respuso mio Cid: –¡Assí lo mande el Criador!–

25

Afrenta de Corpes

Entrados son los ifantes   al robredo de Corpes,[72]
los montes son altos,   las ramas pujan con las núes,[73]
e las bestias fieras[74]   que andan aderredor.
Fallaron un vergel   con una linpia fuent,
mandan fincar la tienda   ifantes de Carrión,
con cuantos que ellos traen   ý yazen essa noch,
con sus mugieres en braços   demuéstranles amor,
¡mal ge lo cunplieron   cuando salié el sol![75]
Mandaron cargar las azémilas   con grandes averes a [nombre.[76]
cogida han la tienda   do albergaron de noch,

---

[72] Aunque no es segura su ubicación, es probable que se trate de un paraje próximo a Castillejo de Robledo, localidad de la provincia de Soria, a unos veinte kilómetros al oeste de San Esteban de Gormaz.

[73] *núes*: nubes

[74] Los animales salvajes aludidos bien pudieran ser lobos, linces, jabalíes u osos.

[75] El juglar describe un *locus amoenus*, un lugar idílico para el encuentro amoroso, aunque seguidamente anticipa con esta exclamación que va a suceder lo peor.

[76] *con grandes averesa nombre*: con gran número de bienes.

adelant eran idos   los de criazón,[77]
assí lo mandaron   los ifantes de Carrión,
que non ý fincás ninguno,   mugier nin varón,
sinon amas sus mugieres,   doña Elvira e doña Sol,
deportarse quieren con ellas   a todo su sabor.
Todos eran idos,   ellos cuatro solos son,
tanto mal comidieron[78]   los ifantes de Carrión:
–Bien lo creades,   don Elvira e doña Sol,
aquí seredes escarnidas,   en estos fieros montes,
oy nos partiremos   e dexadas seredes de nós,
non abredes part   en tierras de Carrión.[79]
Irán aquestos mandados   al Cid Campeador,
nós vengaremos   por aquésta la del león.–
Allí les tuellen[80]   los mantos e los pelliçones,[81]
páranlas en cuerpos   e en camisas e en ciclatones.[82]
Espuelas tienen calçadas   los malos traidores,
en mano prenden las cinchas   fuertes e duradores.
Cuando esto vieron las dueñas,   fablava doña Sol:
–¡Don Diego e don Ferrando,   rogámosvos por Dios!
Dos espadas tenedes   fuertes e tajadores,
al una dizen Colada   e al otra Tizón,
cortandos[83] las cabeças,   mártires seremos nós;[84]

---

[77] *los de criazón*: los criados más allegados a los infantes.

[78] *comidieron*: planearon.

[79] Con esta expresión los infantes de Carrión las repudian formalmente, poniendo fin al matrimonio.

[80] *tuellen*: quitan.

[81] *pelliçones*: prendas de abrigo.

[82] *ciclatones*: prenda más íntima, como la camisa.

[83] *cortandos*: cortadnos.

[84] Quizá haya que pensar aquí en las vidas de santos, en cualquier caso en una muerte más honrosa.

moros e cristianos   departirán d'esta razón,
que por lo que nós merecemos   no lo prendemos nós.
Atán malos ensiemplos   non fagades sobre nós;
si nós fuéremos majadas,   abiltaredes a vós,
retraérvoslo han   en vistas o en cortes.–[85]
Lo que ruegan las dueñas   non les ha ningún pro,
essora les conpieçan a dar   los ifantes de Carrión,
con las cinchas corredizas   májanlas tan sin sabor;
con las espuelas agudas,   don ellas an mal sabor,
ronpién las camisas e las carnes   a ellas amas[86] a dós.
Linpia salié la sangre   sobre los ciclatones,
ya lo sienten ellas   en los sos coraçones.
¡Cuál ventura serié ésta,   sí ploguiesse al Criador,
que assomasse essora   el Cid Campeador!
Tanto las majaron   que sin cosimente son,[87]
sangrientas an las camisas   e todos los ciclatones.
Cansados son de ferir   ellos amos a dos,
ensayándos' amos   cuál dará mejores colpes.
Ya non pueden fablar   don Elvira e doña Sol,
por muertas las dexaron   en el robredo de Corpes.
Leváronles los mantos   e las pieles armiñas,
mas déxanlas marridas[88]   en briales e en camisas[89]
e a las aves del monte   e a las bestias de la fiera guisa.
Por muertas las dexaron,   sabed, que non por bivas.
¡Cuál ventura serié   si assomás essora el Cid Campeador!

---

[85] *si nós fuéremos... cortes*: si fuéramos golpeadas, os acusarán de ello por vía judicial.

[86] *amas*: ambas.

[87] *que sin cosimente son*: que sin piedad son (golpeadas).

[88] *marridas*: desfallecidas.

[89] *mas déxanlas... camisas*: después de maltratarlas los infantes cometen la vileza de dejarlas sin ropa.

Cantar de Roncesvalles[90]

26

[...]
raçonóse con eylla como si fuese bivo:
«Bueno pora las armas, mejor pora ante Jhesuchristo,
consejador de pecadores, e dar... tan [...]
el cuerpo pri[so] martirio qu[ie]r que le... o... io.
Mas, ¿quién aconseyará este viejo mesquino
que finca en grant cuita [...]?»

II

Aquí clamó a sus escuderos Carlos el enperante:[91]
«¡Sacat al arçobispo d'esta mortaldade.
Levémosle a su terra, a Flánders la ciudade!»
El enperador andava catando por la mortaldade,
vido en la plaça Oliveros ó jaze,

---

[90] Sólo estos cien versos, algunos incompletos, se han conservado del cantar denominado *Roncesvalles,* dos folios sueltos que conservan las costuras laterales por haber sido utilizados como carpeta o bolsa. Se compuso a finales del siglo XIII y es el testimonio más claro de que los héroes épicos franceses también fueron cantados en castellano. Recoge el *planto* de Carlomagno por la muerte de tres de sus vasallos (el arzobispo Turpín, Oliveros y Roldán); sólo al final se da paso al *planto* del duque Aimón por su hijo Reinaldos de Montalbán.

[91] *Carlos el enperante*: Carlomagno, el emperador.

el escudo crebantado por medio del braçale.
Non vio en eyll quanto un dinero sano;[92]
Tornado jaze a orient,[93] como lo puso Roldane.
El buen enperador mandó la cabeza alçare,
que l'alinpiasen la cara del polvo e de la sangre.
Como si fuese bivo començólo de preguntare:
«Digádesme, don Oliveros, cavayllero naturale,
¿dó deyxastes a Roldán? Digádesme la verdade.
Quando voz fiz conpaineros diéstesme tal omenaje,
por que nunca en vuestra vida non fuésedes partidos.[94]
Dizímelo, don Oliveros, ¿dó lo iré buscare?
Jo demandava por don Roldán a la priesa tan grande.
Ja, mi sobrino, ¿dont vos iré buscare?»[95]
Vio un colpe que fizo don Roldane:
«Esto fizo con cueita, con grant dolor que avía.»
Estonz alçó los ojos, cató cabo adelante,
vido a don Roldán acostado a un pilare,
como se acostó a la ora de finare.
El rey quando lo vido, oít lo que faze:
arriba alçó las manos por las barbas tirare;
por las barbas floridas bermeja sayllía la sangre.[96]
Exa ora el buen rey oít lo que dirade.
Diz: «Muerto es mio sobrino, el buen de don Roldane.
Aquí veo atal cosa que nunca vi tan grande:

[92] No vio en él ni lo que ocupa una moneda sana.

[93] Vuelto a oriente, es decir, a los Santos Lugares; se quiere indicar así su muerte cristiana.

[94] Cuando les hizo compañeros, le prometieron que en vida nunca se separarían.

[95] Adviértase cómo las tres preguntas retóricas precedentes, cada vez más directas, quieren señalar el patetismo de la situación.

[96] En señal de dolor, Carlomagno tira de sus propias barbas hasta que sale sangre.

jo era pora morir e vós pora escapare.[97]
Tanto buen amigo vós me solíades ganare,
por vuestra amor arriba muychos me solían amare.
Pues vós sodes muerto, sobrino, buscar me an todo mal.[98]
Asaz veo una cosa, que sé que es verdade:
que la vuestra alma, bien sé que es en buen logare.
Mas atal viejo mezquino, ¿agora qué faré?
Oy é perdido esfuerço con que solía ganare.
¡Ay, mi sobrino, non me queredes fablare!
Non vos veo colpe nin lançada por que oviésedes male;
por eiso non vos creo que muerto sodes, don Roldane.
Deysámosvos ne açaga,[99] andando prisiestes male;
las mesnadas e los pares anbos van ayllae
con vós e, amigo, por amor de a vós goardare.
Sobrino, ¿por esso non me queredes fabelare?
Pues vós sodes muerto, França poco vale.
Mio sobrino, ante que finásedes, era jo pora morir más.
Atal viejo meçquino, ¿qui lo conseyarade?
Quando fuy mançebo de la primera edade,
quis andar ganar precio de França, de mi terra natural,
fuime a Toledo a servir al rey Galafre,
que ganase a Durandarte large.
Ganéla de moros quando maté a Braimante;[100]

---

[97] Como es habitual en los *plantos* medievales, se recurre al tópico de que debería haber muerto él y haberse librado Roldán.

[98] Muchos querían a Carlomagno gracias a Roldán; por eso ahora teme que le van a desear todos los males.

[99] *açaga*: *a çaga*, es decir, en la retaguardia.

[100] En los vv. 55-58 se resume el argumento del *Mainete*, poema no conservado. Carlomagno, al servicio del rey Galafre, ganó a los moros la espada Durandarte al matar a Bramante, moro poderoso que pretendía la mano de Galiana, la hija del rey. Ésta, enamorada de Carlomagno, le perseguiría hasta París, donde se casa con él, una vez convertida al cristianismo.

dila a vós, sobrino, con tal omenage
que con vuestras manos non la diésedes a nadi;
saquéla de moros, vos tornástela aylá.
Dios vos perdone, que non podiestes más.
Con vuestra rencura[101] crebar se me quiere el coraçone.
Sallíme de Françia a terras estraynas morare,
por conquerir provencia e demandar linaje;
acabé[102] a Galiana, a la muger leale.
Naçiestes mi sobrino, a .XVII. aynos de edade
fizvos cavayllero a un preçio tan grande.
Metíme al camino, pasé ata la mare,
pasé Jherusalem fasta la fuent Jordane,
corriemos las terras deylla e deylla parte.[103]

III

Con vos conquís Truquía e Roma a priessa dava;
con vuestro esfuerço arriba entramos en Espayna,
matastes los moros e las tierras ganastes,
adobé los caminos del apóstol Santiago;
non conquís a Çaragoça, ont me ferió tal lançada.[104]

IV

Con tal duelo estó, sobrino, agora non fués bivo.
¡Agora ploguiés al Criador, a mi Seynnor Jhesuchristo,
que finase en este logar, que me levase contigo!

---

[101] *rencura*: pena.

[102] *acabé*: gané.

[103] Estos hechos fabulosos por Oriente se cuentan en varios poemas franceses, entre ellos el *Pélérinage de Charlemagne*.

[104] Es la única fuente donde se dice que Carlomagno no conquistó Zaragoza debido a una herida, si bien *tal lanzada* puede referirse a la herida que sufre el orgullo del emperador por tal fracaso.

Dizir me ías las nuevas cada uno cómo fizo[105]
d'aquestos muertos que aquí tengo conmigo.»
El rey quando esto dixo cayó esmorteçido.

V

Dexemos al rey Karlos, fablemos de ále,
digamos del dux Aimón, padre de don Rinalte.
Vido jazer su fijo entre las mortaldades;
despeynós[106] del cavayllo, tan grant duelo que faze:
alçóli la cabeça, odredes lo que dirade:
«¡Qué cuerpo tan caboso. Omen non vio otro tale!
Vós fuérades pora bivir e yo pora morir más.
Mas atal viejo mezquino sienpre avrá male.
Por que más me conuerto[107] porque perdoneste a Roldane.
Finastes sobre moros, vuestra alma es en buen logare.
¿Quí levará los mandados a vuestra madre, a las tierras de
[Montalbane?»
El duc fiziendo su duelo muyt grande,
veníali el mandado que jazía esmorteçido el enperante;
mandó sacar el fijo de entre las mortaldades.

VI

Venía el duc Aimón a ese duc de Breitayna,
el cavayllero Beart, el fi de Terrin d'Ardeyna.
Vidieron el rey, esmorteçido estava;
prenden agoa fría, al rei con eylla davan...

---

[105] Me dirías cómo se comportó cada uno.
[106] *despeynós*: desmontó.
[107] *me conuerto*: me consuelo.

Mocedades de Rodrigo

27

El caballo y el azor

En León son las cortes.   Llegó el conde lozano:
un cavallo lieva preçiado,   et un azor en la mano.
Et conprógelo el rey   por aver monedado:
en treinta e çinco mill maravedís   fue el cavallo et el azor
[apreçiado.
Al gallarín[108] gelo vendió el conde,   que gelo pagasse a día
[de plazo.
Largos plazos passaron,   que non fue el conde pagado:
nin quiríe ir a las cortes,   a menos de entregarlo.
Con fijos e con mugieres,   castellanos van a las cortes de
[León.
E conde Fernán González   dixo al rey atanto:
«Rey, non verné a vuestras cortes,   a menos de ser pagado
del aver que me devedes,   de mi azor e de mi cavallo.»
Quando contaron el aver,   el rey non podía pagarlo:
tanto creçió el gallarín   que lo non pagaría el regnado.
Venieron abenençia   el rey et el conde lozano,

[108] Procedimiento según el cual cada día que pasara de la fecha acordada se duplicaba la deuda.

que quitasse a Castilla: el conde fue mucho pagado,
plogol' al conde, quando oyó este mandado.
Assí sacó a Castilla el buen conde don Fernando,
aviendo guerra con moros e con christianos
a toda parte, de todo su condado.

28

Desposorio de Rodrigo y Jimena

Essas oras dixo el rey al conde don Ossorio su amo:
«Dadme vos acá essa donçella: despossaremos este lozano.»[109]
Aún no lo creyó don Diego, tanto estaba espantado.
Salió la donçella, et tráela el conde por la mano;
ella tendió los ojos et a Rodrigo comenzó de catarlo.
Dixo: «Señor, muchas mercedes, ca éste es el conde que
[yo demando.»
Allí despossavan a doña Ximena Gómez con Rodrigo el
[Castellano.
Rodrigo respondió muy sañudo contra el rey castellano.
«Señor, vos me despossastes, más a mi pessar que de grado:
mas prométolo a Christus que vos non bessc la mano,
nin me vea con ella en yermo nin en poblado,
fasta que venza çinco lides en buena lid en canpo.»[110]
Quando esto oyó el rey fízose[111] maravillado.
Dixo: «Non es éste omne, mas figura ha de pecado.»[112]

---

[109] *lozano*: aquí tiene la acepción de "soberbio".

[110] Rodrigo la acepta en matrimonio, pero promete no consumarlo hasta no vencer en cinco batallas campales a otros tantos enemigos.

[111] *fizose*: fingióse.

[112] *Non es... pecado*: "Éste no es un hombre, sino retrato del demonio", en consonancia con la imagen arrogante del joven Rodrigo.

Poemas hagiográficos y debates

Vida de Santa María Egipcíaca [113]

29

María en Alejandría

En Alexandria fue María,
aquí demanda alberguería:
allá va prender ostal
con las malas en la cal. [114]
Las meretriçes cuando la vieron
de buena miente la reçibieron;
a gran honor la reçibieron
por la beltat que en ella vieron.
Los fijos de los burzesses [115] mandó llamar,

[113] En la Edad Media circularon muchas versiones apócrifas de la vida de María Magdalena. La castellana es una traducción bastante cercana a una *Vie de Sainte Marie l'Egyptienne*, probablemente de comienzos del siglo XII, aunque la leyenda se remonta al menos al siglo VII. Dividido en dos partes, la imagen de la joven pecadora de la primera parte dejará paso en la segunda a una mujer virtuosa que ha perdido toda su belleza física, pero con un alma hermosa. El juego de simetrías organiza toda la obra para que el público aprecie las ventajas de la vida interior.

[114] *en la cal*: en la calle.

[115] *burzesses*: burgueses.

que la viniessen mirar.
Ellos de ella abién grant sabor,
que tal era como la flor.
Todos la hi [116] van corteyar
por el su cuerpo acabar.
Ella los recibié de volonter [117]
porque fiziessen su plazer;
e pora fer todo su viçio,
los mantenie a grant deliçio.
En beber e en comer e follía, [118]
cuidaba noche e día.
Cuando se lleva [119] de yantar,
con ellos va deportar.
Tanto quiere jugar e reír,
que nol miembra [120] que ha de morir.
Los mancebos de la çibdat
tanto les plaze de la beltat,
que cada día la van veyer
que non se pueden d'ella toller. [121]
Tantas hi van de conpanyas,
que los juegos tornan a sanyas; [122]
ante las puertas, en las entradas,
dábanse grandes espadadas:
la sangre que d'ellos sallía
por medio de la cal corría.

---

[116] *hi*: ahí.
[117] *de volonter*: de buena gana.
[118] *follía*: locura, diversión.
[119] *se lleva*: se levanta.
[120] *miembra*: recuerda (de *memorare)*
[121] *que non se pueden d'ella toller*: tal es su atractivo que no pueden dejarla.
[122] *sanyas*: peleas, altercados.

A la cativa cuando lo vedié,
nulla piedat no le prendié.
El que era más faldrido [123]
era aquell el su amigo.
El que vençie dentrol cogié, [124]
el que murie pocol' dolié;
sil' murien dos amigos,
ella abie cincuenta bivos;
e por alma del ques' murié,
ella más de un riso [125] non darié.
Los que por ella eran plagados [126]
non eran d'ella visitados.
Más ama con los sanos jugar
que los enfermos visitar.
En Alexandria era María:
Asi s' mantenié noche e día;
en Alexandria era venida
ahi mantenié aquesta vida.
En tal hora hi fue entrada
que toda la villa fue mesclada,
e tanta sangre fue derramada
que toda la villa fue menguada.
E las villas de enderredor
todas eran en grant error.

---

[123] *faldrido*: osado, atrevido.

[124] Acogía dentro al vencedor.

[125] *riso*: risa. Se acentúa su perversión diciendo que no daría por el muerto más de una sonrisa.

[126] *plagados*: contagiados (por alguna enfermedad venérea).

30

Arrepentimiento. Oración de María

Allí está muy desmayada,
a un requexo[127] es assentada;
aquí comiença a pensar
e de coraçón a llorar.
D'amas[128] manos tira a sus cabellos,
grandes feridas dio a sus pechos.
Vio cómo Dios le era sanyudo,
nol osó pedir consejo ninguno.
Ella asaz diziendo: «En mal hora
fui tan pecadora;
tan mal consejo hobe prendudo
cuand' Dios me es assí sanyudo.
Tan só plena de malveztat,
de luxuria e de maldat,
que non puedo al templo entrar
ni oso a Dios me reclamar.
¿Qué faré agora, cativa?
¡Tanto me pesa porque so biva!»
Del cuerpo le sallió un sospiro tan fuerte;
dixo: «Dios dame la muerte».
Tornó la cara on sedía;[129]
vio huna imagen de santa María.
La imagen era bien figurada,
en la mesura era tajada.[130]

---

[127] *requexo*: rincón.
[128] *D'amas*: con ambas.
[129] *on sedía*: donde estaba sentada.
[130] *tajada*: proporcionada.

María cuando la vio,
levóss' en pie, ant'ella se paró.
Los inojos ant'ella fincó,
tan con vergüença la cató,
atan piadosament la reclamó
e dixo: «Ay, duenya, dulçe madre,
que en el tu vientre toviste al tu padre;
San Gabriel te aduxo el mandado,
tul' respondiste con grant recabdo.

31

Retrato de María penitente

Toda se mudó d'otra figura,
qua non ha panyos nin vestidura.
Perdió las carnes e la color,
que eran blancas como la flor;
los sus cabellos, que eran rubios,
tornáronse blancos e suzios.
Las sus orejas, que eran albas,
mucho eran negras e pegadas.
Entenebridos[131] abié los ojos;
abié perdidos los sus mencojos.[132]
La boca era empeleçida,[133]
e derredor muy denegrida.
La faz muy negra e arrugada

[131] *entenebridos*: apagados, entenebrecidos.

[132] *mencojos*: quizá pestañas o párpados, pues la palabra no se halla documentada en otro lugar.

[133] *empeleçida*: llena de pellejos.

de frío viento e de la elada.
La barbiella e el su grinyón[134]
semeja cabo de tizón.[135]
Tan negra era la su petrina,
como la pez e la resina.
En sus pechos non abiá tetas,
como yo cuido,[136] eran secas.
Braços luengos e secos dedos,
cuando los tiende semejan espetos.[137]
Las unyas eran convinientes,
que las tajaba con los dientes.
El vientre abié seco mucho,
que non comié nengún conducho.[138]
Los piedes eran quebraçados:[139]
en muchos logares eran plagados,
por nada non se desviaba
de las espinas on las fallaba.[140]
Semejaba cortés,
mas non le fallía hi res:[141]
cuand' huna espina le firía,
de sus pecados uno perdía;[142]
e mucho era ella gozosa

---

[134] *grinyón*: mandíbula inferior.

[135] *semeja cabo de tizón*: se parece al extremo de un tizón.

[136] *como yo cuido*: según creo.

[137] *espetos*: asadores, pinchos para asar la carne.

[138] *conducho*: alimento, comida.

[139] *quebraçados*: agrietados.

[140] Quiere decir que los tenía tan estropeados que andaba por cualquier lugar sin que las espinas que hallaba a su paso le hicieran desviarse de su camino.

[141] *mas non le fallía hi res*: mas no le faltaba allí nada.

[142] *cuand... perdía*: es decir, que el dolor le servía para santificarse.

porque sufrié tan dura cosa.
No es maravilla si es denegrida [143]
fembra que mantiene tal vida.
Ni es maravilla si color muda
qui cuarenta anyos anda desnuda.

Razón de amor [144]

32

Qui triste tiene su coraçón
benga oír esta razón. [145]
Odrá razón acabada,
feita d'amor e bien rimada.
Un escolar la rimó
que siempre dueñas amó;
mas siempre ovo triança [146]
en Alemania y en Françia,
moró mucho en Lombardía
por aprender cortesía.
En el mes d'abril, después yantar,
estava so un olivar.
Entre çimas d'un mançanar

---

[143] *denegrida*: ennegrecida por la intemperie.

[144] Fechado a principios del siglo XIII, es uno de los más antiguos debates conservados en lengua castellana, género muy cultivado en latín y en otras lenguas románicas a lo largo de la Edad Media. El poema presenta dos partes muy diferentes, motivo por el cual muchos críticos creen que se trata de dos poemas reunidos en uno; quienes defienden su unidad buscan la relación entre una visión primaveral (propiamente la *Razón de amor*) con los *denuestos del agua y el vino,* que constituyen la segunda parte.

[145] *razón*: discurso.

[146] *triança*: trato.

un vaso de plata vi estar;
pleno era d'un claro vino
que era vermejo e fino;
cubierto era de tal mesura
no lo tocas la calentura.[147]
Una dueña lo ý avi puesto,
que era señora del uerto,
que cuan su amigo viniese,
d'aquel vino a bever le diesse.
Qui de tal vino oviesse
en la mana[148] cuan comiesse:
e d'ello oviesse cada día
nunca más enfermaría.
Arriba del mançanar
otro vaso vi estar,
pleno era d'un agua frida
que en el mançanar se naçía.
Beviera d'ela de grado,
mas ovi miedo que era encantado.
Sobre un prado pus mi tiesta
que no m' fiziese mal la siesta;
partí de mí las vistiduras,[149]
que no m' fizies' mal la calentura.
Plegém a una fuente perenal,[150]
nunca fue omne que vies' tal;
tan grant virtud en sí avía,

---

[147] *no lo tocas la calentura*: de manera que no le alcanzase el calor.
[148] *mana*: mañana.
[149] *partí de mí las vistiduras*: me quité las vestiduras.
[150] *Plegém a una fuente perenal*: me acerqué a una fuente permanente.

que de la fridor que d'í ixía,[151]
çient pasadas aderredor[152]
non sintriades la calor.
Todas yervas que bien olíen
la fuent çerca sí las teníe:
y es la salvia, y son as rosas,
y el lirio e las violas;
otras tantas yervas ý avía.
que sol' nombrar no las sabría.
Mas ell olor que d'í ixía
a omne muerto ressuçitaría.
Pris' del agua un bocado
e fui todo esfriado.
En mi mano pris' una flor,
sabet, non toda la peyor;
e quis' cantar de fin amor.[153]
Mas vi venir una doncela;
pues naçí,[154] non vi tan bella:
blanca era e bermeja,
cabelos cortos sobre'll oreja,
fruente blanca e loçana,
cara fresca como maçana;
nariz egual e dreita,
nunca viestes tan bien feita;
ojos negros e ridientes,
boca a razón e blancos dientes;
labros vermejos, non muy delgados,

---

[151] *ixía*: salía.
[152] *çient pasadas aderredor*: en cien pasos alrededor.
[153] *fin amor*: amor cortés, según la terminología provenzal.
[154] *pues naçí*: desde que nací.

por verdat bien mesurados;
por la çentura delgada,
bien estant e mesurada.
El manto e su brial
de xamet[155] era, que non d'ál;
un sombrero tien' en la tiesta,
que no l' fiziese mal la siesta;
unas luvas[156] tien' en la mano,
sabet, non gelas dio vilano.
De las flores viene tomando,
en alta voz d'amor cantando.
E deçía: «¡ay, meu amigo,
si me veré yamás contigo!
Amet' sempre, e amaré
cuanto que biva seré.
Porque eres escolar,
quisquiere te devría más amar.
Nunca odí de homne deçir
que tanta bona manera ovo en sí.
Más amaría contigo estar
que toda España mandar.
Mas d'una cosa só cuitada:
é miedo de seder engañada.[157]
Que dizen que otra dona
cortesa e bela e bona,
te quiere tan gran ben,

[155] *de xamet*: de seda; Santa María Egipcíaca en su juventud también llevaba un *brial de xamet*.
[156] *luvas*: guantes.
[157] *é miedo de seder engañada*: tengo miedo de ser engañada.

por ti pierde su sen.[158]
E por esso é pauor
que a ésa quieras mejor.
Mas s'yo te uies' una vegada,
¡a plan me queríes por amada!»[159]
Cuant la mia señor esto dizía,
sabet, a mí non vidía;
pero sé, que no me conoçía,
que de mí non foiría.[160]
Yo non fiz' aquí como villano,
Levém' e pris'la por la mano.
Juñiemos amos[161] en par
e posamos so ell olivar.
Dix'le yo: «Dezit, la mia señor,
si supiestes nunca d'amor»
Diz' ella: «A plan, con grant amor ando,
mas non coñozco mi amado;
pero dízem' un su mesajero
que es clérigo e non cavalero,
sabe muio[162] de trobar,
de leyer e de cantar;
dizem' que es de buenas yentes,
mancebo barva puñient es.»[163]
«Por Dios, que digades, la mia señor,

[158] *sen*: sentido.

[159] *Mas... amada*: Mas si yo te viese una vez, ¡seguro que me tomarías por amada!

[160] *foiría*: huiría.

[161] *Juñiemos amos*: nos juntamos ambos.

[162] *muio*: mucho.

[163] *mancebo barva puñient es*: es un joven "barbipuniente", es decir, al que le empieza a salir la barba.

qué donas tenedes por la su amor?»
«Estas luvas y es capiello,
est'oral y est'aniello
enbió a mí es meu amigo,
que por la su amor trayo comigo.»
Yo coñoçí luego las alfayas [164]
que yo ge las avía enbiadas;
ela coñeçió una mi çinta man a mano,
qu'ela la fiziera con la su mano.
Tolios' el manto de los ombros;
besóme la boca e por los ojos;
tan gran sabor de mí avía,
sol' fablar non me podía.
«Dios, Señor, a ti loado
cuant conozco meu amado!
Agora é tod bien comigo
cuant conozco meo amigo!» [165]
Una grant pieça allí estando,
de nuestro amor ementando, [166]
ela m' dixo: «El mio señor, ora m ser'ía de tornar,
si a vos non fuese en pesar».
Yo l' dix: «It, la mia señor, pues que ir queredes,
mas de mi amor pensat, fe que devedes». [167]
Ela m' dixo: «Bien seguro seyt [168] de mi amor,
no vos cambiaría por un emperador.»

---

[164] *alfayas*: alhajas.

[165] Nótese cómo estos cuatro últimos versos, por el paralelismo y por la sinonimia, constituyen una perfecta estrofa de una cantiga de amigo.

[166] *ementando*: conversando.

[167] *mas de mi amor pensat, fe que devedes*: mas pensad en mi amor, por vuestra fe.

[168] *seyt*: estate.

La mia señor se va privado,[169]
dexa a mí desconortado.[170]
Queque[171] la vi fuera del uerto,
por poco non fui muerto.
Por verdat quisieram'adormir,
mas una palomela vi;
tan blanca era como la niev del puerto,
volando viene por medio del uerto,
un cascavielo[172] dorado
tray al pie atado.
En la fuent quiso entrar
mas cuando a mí vido estar,
entrós'en el vaso del malgranar.[173]
Cuando en el vaso fue entrada
e fue toda bien esfriada,
ela que quiso exir festino,[174]
vertiós'el agua sobr'el el vino. [...]

---

[169] *privado*: rápidamente.

[170] *desconortado*: desconsolado.

[171] *Queque*: en cuanto que.

[172] *cascavielo*: cascabel.

[173] *malgranar*: debe de referirse al mismo árbol que el *mançanar* mencionado, pues este nombre era genérico y podía utilizarse incluso para el granado.

[174] *festino*: rápido.

34

«[...] mesura
bive bien sin rancura;[176]
diz' buenas palabras,
mas non sabe jogar las tabras[177]
nin despende su aver
en folía nin en mal sen».
Elena la cató,
de su palabra la sonsanó,[178]
gravemientre le respuso,
agora oíd cómo fabró:
«Calla, María,
¿por qué dizes tal follía?
Esa palabra que fabreste
al mio amigo denosteste,
mas se lo bien catas
e por derecho lo asmas[179]
non eras tú pora conmigo
nin el tu amigo pora con el mío;
somos hermanas e fijas de algo,[180]
máis yo amo el máis alto,

[175] Compuesto en la segunda mitad del siglo XIII, ilustra una de las más corrientes disputas cultivadas en el ámbito románico. Dos jóvenes discuten quién tiene mejores cualidades como amante, el caballero que ama a Elena o el clérigo que ama a María. Al poema le falta el comienzo y el final. La que habla al principio es María, defendiendo las virtudes del clérigo.

[176] *sin rancura*: sin rencor.

[177] *jogar las tabras*: "jugar las tablas", un juego de azar.

[178] *sonsanó*: reprendió.

[179] *e por derecho lo asmas*: y con razón lo juzgas.

[180] *fijas de algo*: hidalgo, de noble linaje.

ca es cavallero armado,
de sus armas esforçado;
el mío es defensor,
el tuyo es orador:
qu'el mío defende tierras
e sufre batallas e guerras,
ca el tuyo janta e jaz'
e sienpre está en paz».
María, atán por arte,[181]
respuso de la otra parte:
«¡Ve, loca, trastornada,
ca non sabes nada!
Dizes que janta e jaz'
porque está en paz,
ca él bive bien onrado
e sin todo cuidado;
ha comer e bever[182]
e en buenos lechos jazer;
ha vestir e calçar
e bestias en que cavalgar,
vasallas e vasallos,
mulas e cavallos;
ha dineros e paños
e otros averes tantos.
De las armas non ha curar
e otrosí de lidiar,
ca más val' seso e mesura
que sienpre andar en locura,

---

[181] *atán por arte*: con gran astucia.
[182] *ha comer e bever*: tiene para comer y beber.

como el tu cavallerón
que ha vidas de garçón.[183]
Cuando al palaçio va
sabemos vida que le dan:
el pan a raçión,
el vino sin sazón;
sonríe mucho e come poco,
va cantando como loco;
como tray poco vestido,
sienpre ha fanbre e frío.
Come mal e jaze mal
de noche en su ostal,
ca quien anda en casa ajena
nunca sal' de pena.
Mientras él está allá,
lazerades vós acá;
parades mientes cuándo verná[184]
e catádesle las manos que adurá,[185]
e senon tray nada,
luego es fría la posada».
  Elena, con ira,
luego dixo: «Esto es mentira.
En el palaçio anda mi amigo,
mas non ha fanbre nin frío;
anda vestido e calçado
e bien encavalgado;
acompáñanlo cavalleros
e sírvenlo escuderos;

---

[183] *que ha vidas de garçón*: que tiene vida de señorito.
[184] *parades mientes cuándo verná*: piensas cuándo vendrá.
[185] *adurá*: aducirá, traerá.

danle grandes soldadas
e abasta a las conpañas.[186]
Cuando al palaçio vien',
apuesto e muy bien,
con armas e con cavallos
e con escuderos e con vasallos,
sienpre trae açores
e con falcones de los mejores;
cuando vien' riberando[187]
e las aves matando,
butores e abtardas[188]
e otras aves tantas;
cuando del palaçio llega,
Dios, ¡qué bien semeja!
Açores gritando,
cavallos reninchando,
alegre vien' e cantando,
palabras de cortes fabrando.
A mí tien' onrada,
vestida e calçada;
vísteme de çendal[189]
e de ál que más val'.[190]
Créasme de çierto,
que más val' un beso de infançón
que çinco de abadón,
como el tu barbirrapado

[186] *e abasta a las conpanas*: y abastece a las compañías, a sus soldados.
[187] *riberando*: cazando por la ribera.
[188] *butores e abtardas*: avetoros (aves parecidas a las garzas) y avutardas.
[189] *çendal*: seda fina.
[190] *e de ál que más val'*: y de otras cosas que valen más.

que sienpre anda en su capa ençerrado,
que la cabeça e la barva e el pescueço
non semeja senon escueso.[191]
Mas el cuidado mayor
que ha aquel tu señor
de su salterio rezar,
e sus molaziellos[192] enseñar;
la batalla faz'con sus manos
cuando bautiza a sus afijados;
comer e gastar
e dormir e folgar,
fijas de homnes bonos ennartar,[193]
casadas e por casar.
Non val' nenguna ren[194]
quien non sabe de mal e de bien:
que el mío sabe d'ello e d'ello
e val' más por ello».
María tan irada
respuso esa vegada:
«Elena, calla,
¿por qué dizes tal palabra?
Ca el tu amigo
a pos[195] el mío non val'un figo.
Cuando él es en palaçio
non es en tal espaçio,[196]

---

[191] *escueso*: escuerzo.
[192] *molaziellos*: monaguillos.
[193] *ennartar*: engañar.
[194] *ren*: del francés *rien*, "nada".
[195] *a pos*: junto al mío.
[196] *non es en tal espaçio*: no está en su lugar, en su ambiente.

oras tien'algo, oras tien' nada,
que aína falla ela soldada.[197]
Cuando non tien'que gastar,
tórnase luego a jogar;
e joga dos veces o tres,
que nunca gana una vez;
cuando torna a perder,
aína sal'el su aver:[198]
joga[199] el caballo e el rocín
e elas armas otrosín,
el mantón, el tabardo
e el bestido e el calçado;
finca en avol guisa,[200]
en panicos[201] e en camisa.
Cuando non tien' qué jogar
nin ál a qué tornar,
vay ela siella empenar[202]
a los francos de la cal;[203]
el freno e el albardón
dalo al su rapagón,[204]
que lo vaya vender
e empenar pora comer;
sé que ay oras

[197] *que aína falla ela soldada*: que en seguida le falta la soldada.
[198] *aína sal'el su aver*: en seguida se gasta sus haberes.
[199] *joga*: se juega.
[200] *finca en avol guisa*: se queda con una pobre apariencia.
[201] *panicos*: paños menores.
[202] *vay ela siella empenar*: va a empeñar la silla (de montar).
[203] *a los francos de la cal*: a los (prestamistas) franceses de la calle.
[204] *rapagón*: rapaz o mozo de espuelas.

que allá van las esporas;[205]
a pie viene muchas vegadas,
desnudo e sin calças,
e sequier[206] a su amiga
nin conseja nin la abriga;
ca omne con rancura,
fría es la posada,
que así faz' do non ha vino,
nin trigo, nin farina, nin toçino,
e avéredes por elo a empenar
el mantón e el brial.
Otro día así se mucho dura,[207]
cada día sacará sobr'el vestido,
fasta que sea comido.
Cuando comido for',[208]
¿qué será del señor?
Querrá ir a furtar;
mas se lo ovieron a tomar,[209]
colgarlo han de un palero,[210]
en somo de un otero.[211]
Ca el mio amigo, bien te lo digo,
á mucho trigo e muncho vino;
tien' buenos çelleros[212]
de plata e de dineros;

---

[205] *esporas*: espuelas.
[206] *e sequier*: y ni siquiera.
[207] *así se mucho dura*: si así duran mucho las cosas.
[208] *for*: fuera.
[209] *mas se lo ovieron a tomar*: mas si lo llegan a coger.
[210] *palero*: poste, horca.
[211] *en somo de un otero*: en lo alto de un otero.
[212] *çelleros*: despensas.

viste lo que quier',
sequier mantón, sequier piel;
non ha fanbre nin frío,
nin mengua de vestido». [...]

Revelación de un ermitaño o disputa del cuerpo e del ánima

35

I Después de la prima hora passada
en el mes de enero la noche primera
cuatrocientos e veint, entrante la era,[213]
estando acostado en una posada,
non pude dormir essa trasnochada;
vínome un sueño allá al maitino:[214]
dirévos, señores, lo que me avino
fasta que pasó toda el alborada.

II En un valle fondo, escuro, apartado,
espesso de xaras[215] soñé que andava
buscando salida e non la fallava.
Topé con un cuerpo que estava finado;[216]
olía muy mal, seía[217] finchado,
los ojos quebrados, la faz denegrida,

[213] *cuatrocientos... era*: la fecha de Año Nuevo de 1420 pertenece a la era española. Restados los 38 años habituales, resulta en la era cristiana el año 1382, posible fecha de composición del poema.

[214] *al maitino*: al amanecer.

[215] *xaras*: jaras, arbustos.

[216] *finado*: muerto.

[217] *seía*: estaba.

la boca abierta,   la barba caída,
de muchos gusanos   bien aconpañado.

III Mirando aquel cuerpo   de chica valor,
oí una voz   aguda muy fiera.
Alçé los mis ojos   por ver de quién era:
vi venir un ave   de blanca color,
deziendo contra el cuerpo: «Ereje traidor,
del mal que feziste   ¡sí eres represo! [218]
Por tu vana gloria   e muy poco seso
jamás en infierno   viviré con dolor» .

IV Asentóse queda   a su cabeçera
e anduvo el cuerpo   todo enderredor
batiendo las alas   con muy gran temor,
faziendo llanto   de estraña manera,
deziendo: Cuitada,   ¡Cómo soy señera! [219]
Non fallo lugar   do pueda guarir! [220]
Escuro fue el día   que ove a venir
a ser tu çercana   e tu conpañera.

V En tanto que puedo   agora aquí estar
quiero fablar   un poco contigo.
Bien sabes tú,   el mi mal amigo,
que por tus errores   e tu mal usar [221]
pecaste e feziste   a muchos pecar,
de lo qual represo   ser non quesiste,
e aun penitençia   jamás non oviste

[218] *sí eres represo*: ojalá estés arrepentido.
[219] *Cuitada... señera*: desgraciada (de mí), ¡qué sola estoy!
[220] *guarir*: protegerme.
[221] *tu mal usar*: tu mal obrar.

por que yo, mezquina, avré de lazdrar.[222]

VI De Dios e del mundo pavor non oviste,
pasaste su ley e sus mandamientos.
Incrédulo fuste en tus pensamientos,
juraste en vano, falsaste e mentiste,
a pobres cuitados lo suyo tomaste.
Por tu grande gula, luxuria, avariçia,
açidia,[223] homiçidia, invidia, cobdiçia,
do yo era linpia, gran mal me feziste.

VII ¿A dó tus moradas, dó es tu arreo,[224]
tu oro e tu plata e tu gran aver,
tus joyas muy ricas e tu gran poder?
¿Dó es tu graçia, a dó tu asseo,
dó es tu argullo, a dó tu meneo?[225]
Mira agora que fue todo nada:
todo fizo fin en una braçada
de tierra en que estás, según que ora veo.

VIII ¡Respóndeme agora a esto que digo,
ca tú bien solías de ti dar razón!
¿Non catas agora mi tribulaçión,
que en alto nin en baxo non fallo abrigo?
¿Cómo mudeçiste, mortal enemigo,
de lo que solías fablar e dezir?
Más me valdría contigo morir
que non seguir aquesto que sigo.»

---

[222] *lazdrar*: lacerar, penar.
[223] *açidia*: pereza.
[224] *arreo*: adorno, lujo.
[225] *meneo*: presunción, ostentación.

IX El cuerpo essa hora fizo movemiento,
alçó la cabeça, pensó de fablar
e dixo: «Señora, ¿por qué me culpar
quieres agora sin mereşçemiento?
Ca si dixe o fize fue por tu talento;
si non, ves agora cuánto es mi poder,
que aquestos gusanos non puedo toller[226]
que comen las carnes del mi criamento.[227]

X Tú mi señora, yo tu servidor:
mis pies e mis manos por ti se movieron;
ado tú mandaste, allá anduvieron.
Yo fui la morada e tú el morador.
Pues ¿por qué me cargas la culpa e error?
Puesto que algo yo cobdiçié,
pues, poder entero, señora, en ti fue;
¿por qué me dexavas complir mi sabor?[228]

XI Agora non puedo contigo alongar,[229]
ca non he lugar nin tengo sazón.
Según me paresçe, non as defensión
nin por tu sentençia non quiero pasar.
Vete, por Dios, e déxame estar,
non me persigas, que asaz[230] padezco.
Si dizes que yo la culpa merezco
Non dexes, si puedes, de me la cargar.»

---

[226] *toller*: quitar.
[227] *del mi criamento*: de mi crecimiento.
[228] *sabor*: deseo.
[229] *alongar*: alargarme.
[230] *asaz*: bastante.

Replicato del ánima

XII «El cuerpo maldicto   de gran traïçión,
¡cómo desvarías   en tu departir!
Ca si tú quesieses   la verdat dezir,
bien sabes cuál fue   la mi entinción.
Tres contrarios   de mala perdiçión
fezistes en mí   muy gran dañamiento:
el diablo, el mundo   e tú, el çimiento
trayádesme puesta   en vuestra presión.

XIII Non avía lugar   de me defender
con tales contrarios   que me perseguían:
yo iva sin grado   do ellos querían,
pues ál non podía   con ellos fazer.
E tú con tu acucia   e tu bollesçer[231]
cargaron a mí   de carga conplida
por lo qual agora   non fallo guarida
nin fallo lugar   do pueda estorçer.»[232]

Replicato del cuerpo

XIV «Por justa razón   te quiero provar
que fuste causa   de todo pecado,
ca desque la muerte   nos ovo apartado
fallé sin enbargo   mi propio lugar.
Tú nunca podiste   aver nin fallar
lugar nin manera   para guaresçer
nin te aprovecha   ya rebollesçer;
por tanto tú mesma   te deves juzgar.»

---

[231] *E tú... bollesçer*: y tú con tu astucia y con tus desórdenes.
[232] *estorçer*: protegerme.

XV «O cuerpo maldicto, lixoso,[233] enconado!
Por el gran fedor de tu fedentina[234]
metiéronte en foya, cobriéronte aína,
dexáronte dentro a mal de tu grado.
¿Tú piensas por tanto que has ya librado?
Comigo has de ser aún a derecho;[235]
avrás gualardón de todo tu fecho:
n'el infierno por sienpre serás condenado.»

XVI Estando mirando esta porfía,
salió un diablo negro de una espessura,
mortal, espantoso, de fuerte figura.[236]
Tenazas de fuego en la mano traía.
E dixo contra el ave: «Vos sodes mía,
e conmigo iredes aver mi posada,
adonde seredes por siempre heredada;
allá fallaredes assaz compañía.»

Fin

XVII El ave essa hora dio grand apellido[237]
e dixo: «Dios mío, ¡tú que me crieste,
rey de piedat, líbrame d'éste,
Señor, pues tenés el poder complido!".
Tómala el diablo, con ella ha fuido.
Con el grand pesar luego desperté:

[233] *lixoso*: sucio.
[234] *fedentina*: podredumbre.
[235] *Comigo... derecho*: conmigo tendrás que venir aún a juicio.
[236] *de fuerte figura*: de apariencia imponente.
[237] *apellido*: grito.

del sueño que vi   pasmado finqué,[238]
aína perdiera   todo mi sentido.

[238] *finqué*: quedé.

Clerecía

Libro de Alexandre

36

Prólogo

Señores, si queredes mi serviçio prender,[239] 1
querríavos de grado servir de mi mester;
deve de lo que sabe omne largo[240] seer,
si non, podrié en culpa e en riebto caer.[241]

Mester traigo fermoso, non es de joglaría, 2
mester es sin pecado,[242] ca es de clerezía
fablar curso rimado[243] por la quaderna vía,
a sílabas contadas, ca es grant maestría.[244]

Qui oír lo quisiere, a todo mi creer,[245] 3
avrá de mí solaz, en cabo grant plazer,

---

[239] *mi servicio prender*: aceptar mi servicio.
[240] *largo*: generoso.
[241] *en riebto caer*: incurrir en culpa.
[242] *sin pecado*: sin defectos.
[243] *curso rimado*: discurso, serie de palabras con ritmo.
[244] Esta segunda estrofa ha sido considerada como un auténtico programa del mester de clerecía.
[245] *a todo mi creer*: según creo.

aprendrá buenas gestas   que sepa retraer,[246]
averlo an por ello   muchos a connoçer.

Non vos quiero grant prólogo   nin grandes nuevas fer, 4
luego a la materia   me vos quier' acoger;
el Criador nos dexe   bien apresos[247] seer,
si en algo pecarmos,   Él nos deñe valer.[248]

Quiero leer un livro   d'un rey noble, pagano, 5
que fue de grant esfuerço,   de coraçón loçano,
conquiso tod'el mundo,   metiólo so su mano;
terném, si lo cumpliere,   por non mal escrivano.

Del prínçep' Alexandre   que fue rey de Greçia, 6
que fue franc' e ardit,[249]   e de grant sabiençia;
vençió Poro e Dario,[250]   dos reys de grant potençia,
nunca con avol omne   ovo su atenençia.

37
Batalla de Isos

Ya se movién las hazes,[251]   ívanse allegando, 1002
ivan los ballesteros   las saetas tirando,
ivan los cavalleros   las lanças abaxando
e ivan los cavallos   orejas aguzando.

---

[246] *retraer*: contar, relatar.
[247] *apresos*: instruidos.
[248] *Él nos deñe valer*: Él se digne valernos, ayudarnos.
[249] *ardit*: astuto.
[250] *Poro e Dario*: Poro fue un rey de la India contemporáneo de Alejandro que se negó a someterse y fue derrotado junto al río Hidaspes. Darío III Codomano fue el último rey del imperio persa al ser derrotado por Alejandro. La métrica nos indica que *Dario* era palabra bisílaba. Véase más adelante los vv. 1006c y 1007a.
[251] *hazes*: formaciones del ejército.

Fueron de tal manera mescladas las feridas 1003
que eran con los colpes las trompas ensordidas;
bolavan las saetas por el aire texidas,
al sol tollién la lumbre,[252] ¡assí ivan cosidas!

De piedras e de dardos ivan grandes nuvadas, 1004
com si fuessen exambres d'abejas ajuntadas;
tant' eran las feridas firmes e afincadas
que eran de los cuernos las bozes enfogadas.[253]

Com sedié Alexandre mano al coraçón, 1005
aguijó delantero, abaxó el pendón;
más irado que rayo, más bravo que león,
fue ferir do estava el rey de Babilón.

Fendió todas las hazes que fronteras estavan, 1006
parársele delante ningunos non osavan;
firié entre los reys que a Dario guardavan,
pocos y avié dellos que d' él non se dubdavan.

Querié a todas guisas a Dario allegar, 1007
ca non querié su lança en otro enprimar;
desdeñava los otros, non los querié catar,
ca toda la ganançia yazié en es logar.

En medio de las hazes, abes era uviado,[254] 1008
fevos[255] un cavallero, Areta fue llamado;
señor era de Siria, escudo enbraçado
dióle a Alexandre un buen colpe provado.

---

[252] *al sol tollién la lumbre*: al sol quitaban la luz, oscurecían el sol.

[253] *enfogadas*: ahogadas; quiere decir que tal era el ruido de la batalla que no se oían los cuernos.

[254] *abes era uviado*: apenas era socorrido o tenido en cuenta.

[255] *fevos*: he aquí.

Firme se ovo'l rey,   non dio por ello nada, 1009
tornó contra Areta,   firiólo su vegada;
metióle la cuchiella   por medio la corada,
echólo muerto frío   en medio la estrada.

Bozes dieron los griegos,   fueron del rey pagados, 1010
tenién que los avié   sobra bien enprimados,
fueron de la vitoria   muy bien asegurados,
com si en Babilonia   fuessen apoderados.

Vassallos de Areta,   una haz de caldeos, 1011
por vengar su señor   fizieron sus aseos;
mas fueron luego prestos   Clitus e Tolomeus,
fiziéronlos foir   con la ira de Deus.

Andavan estos ambos   entre los enemigos 1012
como unos leones   que andan desfanbridos:[256]
los dientes regañados,   dando fieros bramidos,
bien les venía mientes   por qué eran venidos.

38
Descripción de Babilonia

Son por la villa dentro   muchas dulçes fontanas, 1493
que son de día frías,   tibias en las mañanas;
nunca crían en ellas   nin gusanos nin ranas;
como son perenales,   son sabrosas e sanas.

De panes e de vinos   es la villa abondada, 1494
non podrién doze omnes   comer la dinarada;

[256] *desfanbridos*: hambrientos.

yo leí –¡assí aya en paraiso posada!–,
que vendimian en año la segunda vegada.[257]

Las florestas son grandes redor de la çibdat, 1495
y prenden los venados a toda plantidat,
los grandes e los chicos, los de media edat,
assí s' ivan a ello com' a su heredat.

De gamos e de çiervos e de otros venados, 1496
de ossos e de ossas, de puercos mal domados,
de perdizes e garças, de picos lorigados,
otros omes en siglo non son tan abondados.

De estas avezillas, ánades e çerçetas, 1497
trayén por la çibdat llenas grandes carretas;
ruiseñores e gallos que son más fermosetas,
porque cantan fermoso, estas son más caretas.

Pero han y de ellas, e todas muy boniellas, 1498
cad' uno a su puerta tres o quatro çestiellas;
quand' enpieçan sus sones a fer las aveziellas,
las madres a los fijos olvidarién por ellas.

Y son los papagayos, unas aves senadas[258] 1499
que vençen a los omnes de seso a las vegadas;
ý son las fieras tigras, yazen encarçeladas,
non ha bestias en mundo que sean tan dubdadas.[259]

Las gentes son de preçio, mayores e menores, 1500
todos andan vestidos de paños de colores,

---

[257] *que vendimian... vegada*: que la vid proporciona dos cosechas al año.
[258] *senadas*: dotadas de *sen*, es decir, de juicio.
[259] *dubdadas*: temidas.

cavalgan palafrenes   e mulas ambladores,
los pobres omes visten   xamit' e çisclatones.[260]

Que todas sus noblezas   vos queramos dezir, 1501
antes podrién tres días   e tres noches torçir,
ca Galter[261] non las pudo,   maguer quiso, complir,
yo contra él non quiero,   nin podría, venir.

Pero ý fincan cosas   que non son de dexar: 1502
cómo le vienen grandes   ganançias por la mar;
las más naves del mundo   ý suelen arribar,
solamente con esso   devrié rica estar.

39

El mundo, macrocosmos del hombre

Solémoslo leer,   dizlo la escriptura, 2508
que es llamado mundo   del omne por figura;
qui comedir[262] quisiere   e asmar la fechura,[263]
entedrá que es bien   a razón sin pressura.

Asia es el cuerpo,   segunt mi oçient,[264] 2509
sol e luna los ojos,   que naçen de orient,
los braços son la cruz   del Rey omnipotent,
que fue muerto en Asia   por salut de la gent.

---

[260] *xamit' e çisclatones*: dos tipos de telas muy finas, como la seda.

[261] *Galter*: Gautier de Châtillon, autor del *Alexandreis,* fuente principal de la obra castellana.

[262] *comedir*: pensar.

[263] *asmar la fechura*: estimar la hechura, valorar la forma.

[264] *oçient*: opinión.

La pierna que déçende del siniestro costado 2510
es el reino de África por ella figurado;
toda la mandan moros, un pueblo muy dubdado,
que oran a Mafómat, profeta muy honrado.[265]

Es por la pierna diestra Europa notada, 2511
ésta es más católica, de la fe más poblada,
tienen Petrus et Paulus en ella su posada,
ésta es de la diestra del bispo santiguada.

La carne es la tierra espessa e pesada, 2512
el mar es el pellejo que la tiene çercada,
las venas son los ríos que la tienen temprada,
fazen diestro e siniestro mucha tornaviscada.[266]

Los huessos son las peñas que alçan los colados,[267] 2513
cabellos de cabeça, las yervas de los prados;
crían en esta tierra muchos malos venados,
que son por majamiento[268] de los nuestros pecados.

Desque ovo el rey la tierra bien asmada, 2514
que ovo a su guisa la voluntat pagada,
abaxóles el çevo, guiólos de tornada,
fue en poca d'estonda[269] entre la su mesnada.[270]

---

[265] Nótese la ironía de este verso después de identificar África, y no por casualidad, con la pierna del "siniestro costado".

[266] *mucha tornaviscada*: muchas sinuosidades, meandros.

[267] *colados*: collados.

[268] *majamiento*: castigo.

[269] *estonda*: rato, tiempo.

[270] Alejandro desvela el secreto de la tierra contemplándola desde el aire. Para ello había ascendido en una cesta de cuero de la que tiraban dos grifos hambrientos que subían o bajaban según hacia dónde les dirigiera el cebo con una pértiga; de ahí que les baje el cebo para regresar a tierra.

40

Introducción

Amigos e vassallos   de Dios omnipotent, 1
si vós me escuchássedes   por vuestro cosiment,[271]
querríavos contar   un buen aveniment;
terrédeslo en cabo   por bueno verament.

Yo, maestro[272] Gonçalvo   de Verceo nomnado, 2
yendo en romería   caecí en un prado,
verde e bien sencido,[273]   de flores bien poblado,
logar cobdiciaduero[274]   pora omne cansado.

Davan olor sovejo[275]   las flores bien olientes, 3
refrescavan en omne   las caras e las mientes;
manavan cada canto[276]   fuentes claras, corrientes,
en verano bien frías,   en ivierno calientes.

Avié hí grand abondo   de buenas arboledas, 4
milgranos[277] e figueras,   peros e mazanedas,
e muchas otras fructas   de diversas monedas,
mas non avié ningunas   podridas ni azedas.[278]

---

[271] *cosiment*: benevolencia.

[272] *maestro*: puede referirse a un título universitario, como apuntó Brian Dutton, pero puede también aludir a su condición de "notario" del abad Juan Sánchez.

[273] *sencido*: intacto, sin segar.

[274] *cobdiciaduero*: codiciado.

[275] *sovejo*: abundante.

[276] *cada canto*: en cada esquina.

[277] *milgranos*: granados.

[278] *azedas*: agrias.

La verdura del prado, la olor de las flores, 5
las sombras de los árbores de temprados savores
refrescáronme todo, e perdí los sudores;
¡podrié vevir el omne con aquellos olores!

Nunca trobé en sieglo[279] logar tan deleitoso, 6
nin sombra tan temprada, ni olor tan sabroso;
descargué mi ropiella por yazer más vicioso,
poséme a la sombra de un árbor fermoso.

Yaziendo a la sombra perdí todos cuidados, 7
odí[280] sonos de aves dulces e modulados;
nunca udieron[281] omnes órganos más temprados,
nin que formar pudiessen sones más acordados.

Unas tenién la quinta e las otras doblavan, 8
otras tenién el punto, errar no las dexavan;[282]
al posar, al mover, todas se esperavan;
aves torpes nin roncas hí non se acostavan.

Non serié organista, nin serié violero, 9
nin giga, nin salterio, nin mano de rotero,[283]
nin estrument, nin lengua, nin tan claro vocero
cuyo canto valiesse con esto un dinero.

Pero que vos dissiemos todas estas bondades, 10

---

[279] *en sieglo*: en el siglo, en ningún momento.

[280] *odí*: oí.

[281] *udieron*: oyeron.

[282] Demuestra Berceo con estas expresiones tener nociones claras de "canto llano" o canto gregoriano.

[283] Se dan cita aquí varios instrumentos musicales o sus intérpretes. Salvo el órgano, los demás instrumentos aludidos (*viola, giga, salterio* y *rota*) son diferentes instrumentos de cuerda.

non contamos las diezmas,[284] esto bien lo creades,
que avié de noblezas tantas diversidades
que no las contarién priores ni abades.

El prado que vos digo avié otra bondat: 11
por calor nin por frío non perdié su beltat,
siempre estava verde en su entegredat,
non perdié la verdura por nulla tempestat.

Manamano[285] que fui en tierra acostado, 12
de todo el lazerio[286] fui luego folgado;
oblidé toda cuita, el lazerio passado;
qui allí se morasse serié bien venturado.

Los omnes e las aves, cuantas acaecién,[287] 13
levavan de las flores cuantas levar querién,
mas mengua en el prado niguna non facién:
por una que levavan tres e cuatro nazién.

Semeja esti prado egual de Paraíso, 14
en qui Dios tan grand gracia, tan grant bendición miso;[288]
el que crió tal cosa maestro fue anviso;[289]
omne que hí morasse nunqua perdrié el viso.[290]

El fructo de los árbores era dulz e sabrido; 15
si Don Adam oviesse de tal fructo comido,

---

[284] *diezmas*: décima parte.
[285] *Manamano*: en cuanto.
[286] *lazerio*: sufrimiento.
[287] *acaecién*: estaban presentes.
[288] *miso*: puso.
[289] *anviso*: sabio, previsor.
[290] *el viso*: la vista.

de tan mala manera   non serié decibido,[291]
nin tomarién tal daño   Eva ni so marido.

Señores e amigos,   lo que dicho avemos   16
palavra es oscura,   esponerla queremos;
tolgamos la corteza,   al meollo entremos,
prendamos lo de dentro,   lo de fuera dessemos.

Todos cuantos vevimos   que en piedes andamos,   17
siquiere en presón   o en lecho yagamos,
todos somos romeos[292]   que camino pasamos;
San Peidro lo diz esto,   por él vos lo provamos.

Cuanto aquí vivimos,   en ageno moramos,   18
la ficança[293] durable   suso[294] la esperamos;
la nuestra romería   estonz la acabamos,
cuando a Paraíso   las almas envïamos.

En esta romería   avemos un buen prado,   19
en qui trova repaire[295]   tot romeo cansado:
la Virgin gloriosa,   madre del buen Criado,
del cual otro ninguno   egual non fue trobado.

Esti prado fue siempre   verde en onestat,   20
ca nunca ovo mácula   la su virginidat;
post partum et in partu   fue virgin de verdat,
illesa, incorrupta   en su entegredat.

Las cuatro fuentes claras   que del prado manavan,   21

---

[291] *decibido*: engañado.
[292] *romeos*: romeros.
[293] *ficança*: morada.
[294] *suso*: arriba.
[295] *repaire*: descanso.

los cuatro evangelios, esso significavan,
ca los evangelistas, cuatro que los dictavan,
cuando los escrivién, con ella se fablaban.

Cuanto escrivién ellos ella lo emendava, 22
esso era bien firme lo que ella laudava;
pareze que el riego todo d'ella manava,
cuando a menos d'Ella[296] nada non se guiava.

La sombra de los árbores, buena, dulz e sanía, 23
en qui ave repaire toda la romería,
sí son las oraciones que faz Santa María,
que por los pecadores ruega noche e día.

Cuantos que son en mundo, justos e pecadores, 24
coronados e legos, reys e emperadores,
allí corremos todos, vassallos e señores,
todos a la su sombra imos[297] coger las flores.

Los árbores que facen sombra dulz e donosa 25
son los santos miráculos que faz la Gloriosa,
ca son mucho más dulces que azúcar sabrosa,
la que dan al enfermo en la cuita raviosa.

Las aves que organan[298] entre essos fructales, 26
que an las dulzes vozes, dizen cantos leales,
éstos son Agustino, Gregorio, otros tales,
cuantos que escrivieron los sos fechos reales.

Estos avién con ella amor e atenencia, 27

---

[296] *a menos d'Ella*: sin ella
[297] *imos*: vamos.
[298] *organan*: ejecutan la melodía.

en laudar los sos fechos   metién toda femencia;[299]
todos fablaban d'ella,   cascuno[300] su sentencia,
pero tenién por todo   todos una creencia.

El roseñor que canta   por fina maestría,   28
siquiere la calandria   que faz grand melodía,
mucho cantó mejor   el barón Isaía
e los otros profetas,   onrada compañía.

Cantaron los apóstolos   muedo[301] muy natural,   29
confessores e mártires   facién bien otro tal;
las vírgines siguieron   la grand Madre caudal,[302]
cantan delante d'ella   canto vien festival.

Por todas las eglesias,   esto es cada día,   30
cantan laudes ant'ella   toda la clerecía,
todos li facen cort   a la Virgo María;
éstos son rosseñoles   de grand placentería.

Tornemos ennas flores   que componen el prado,   31
que lo facen fermoso,   apuesto e temprado;
las flores son los nomnes   que li da el dictado
a la Virgo María,   madre del buen Criado.

La benedicta Virgen   es estrella clamada,   32
estrella de los mares,   guiona[303] deseada;
es de los marineros   en las cuitas guardada,
ca cuando éssa veden,   es la nave guiada.

---

[299] *femencia*: vehemencia.
[300] *cascuno*: cada uno.
[301] *muedo*: modo musical.
[302] *caudal*: principal.
[303] *guiona*: guía.

Es clamada, e eslo,   de los cielos reina, 33
tiemplo de Jesu Cristo,   estrella matutina,
señora natural,   piadosa vezina,
de cuerpos e de almas   salud e medicina.

Ella es vellocino   que fue de Gedeón,[304] 34
en qui vino la pluvia,   una grand vissión;
ella es dicha fonda   de David el varón,
con la cual confondió   al gigant tan fellón.[305]

Ella es dicha fuent   de qui todos bevemos, 35
ella nos dio el cevo   de qui todos comemos;
ella es dicha puerto   a qui todos corremos,
e puerta por la cual   entrada atendemos.

Ella es dicha puerta   en sí bien encerrada, 36
pora nós es abierta   por darnos la entrada;
ella es la palomba   de fiel bien esmerada,
en qui non cae ira,   siempre está pagada.[306]

Ella con grand derecho   es clamada Sión, 37
ca es nuestra talaya,   nuestra defensión;
ella es dicha trono   del rey Salomón,
rey de grand justicia,   sabio por mirazón.

Non es nomne ninguno   que bien derecho venga 38
que en alguna guisa   a ella non avenga;
non á tal que raíz   en ella no la tenga,
nin Sancho nin Domingo,   nin Sancha ni Domenga.

---

[304] Referencia al pasaje del *Libro de los Jueces* (6, 36-40) cuando Gedeón pidió a Dios que salvara a su pueblo poniendo un vellocino de lana en la era para que sólo en él se posara el rocío.

[305] *fellón*: soberbio, violento.

[306] *pagada*: contenta, satisfecha.

Es dicha vid, es uva, almendra, malgranada, 39
que de granos de gracia está toda calcada,
oliva, cedro, bálsamo, palma bien ajumada,[307]
piértega en que sovo[308] la serpiente alzada.

El fust[309] que Moisés enna mano portava, 40
que confondió los sabios que faraón preciava,
el que abrió los mares e depués los cerrava,
sinon a la Gloriosa ál non significava.

Si metiéremos mientes en ell otro bastón, 41
que partió la contienda que fue por Aarón,[310]
ál non significava, como diz la lectión,
sinon a la Gloriosa, esto bien con razón.

Señores e amigos, en vano contendemos, 42
entramos en grand pozo, fondón no·l trovaremos;
más serién los sus nomnes que nós d'ella leemos
que las flores del campo, del más grand que savemos.

De suso lo dissiemos que eran los fructales, 43
en qui facién las aves los cantos generales,
los sus sanctos miráculos, grandes e principales,
los cuales organamos ennas fiestas caubdales.

Quiero dexar con tanto las aves cantadores, 44
las sombras e las aguas, las devant dichas flores;
quiero d'estos fructales tan plenos de dulzores
fer unos pocos viessos,[311] amigos e señores.

---

[307] *ajumada*: frondosa.

[308] *piértega en que sovo*: pértiga en que estuvo.

[309] *El fust*: la vara.

[310] Se refiere a la vara de Aarón, la única de los caudillos de Israel que floreció (*Números*, 16, 41, y 17, 5-10)

[311] *viessos*: versos.

Quiero en estos árbores un ratiello sobir 45
e de los sos miraclos algunos escrivir;
la Gloriosa me guíe que lo pueda complir,
ca yo non me trevría en ello a venir.

Terrélo[312] por miráculo que lo faz la Gloriosa 46
si guiame quisiere a mí en esta cosa;
Madre, plena de gracia, reina poderosa,
tú me guía en ello, ca eres pïadosa.

41
El clérigo y la flor

Leemos de un clérigo que era tiestherido,[313] 101
ennos vicios seglares feramient[314] embevido;
pero que[315] era loco, avié un buen sentido:
amava la Gloriosa de corazón complido.

Comoquiere que era en ál mal costumnado, 102
en saludar a ella era bien acordado;
nin irié a eglesia nin a ningún mandado
que el su nomne ante non fuesse aclamado.

Dezir no lo sabría sobre cuál ocasión, 103
ca nós no lo sabemos si lo buscó o non,
diéronli enemigos salto[316] a est varón,
ovieron a matarlo, ¡Domne Dios lo perdón!

---

[312] *terrélo*: lo tendré.
[313] *tiestherido*: de poco juicio.
[314] *feramient*: muy.
[315] *pero que*: pero aunque.
[316] *salto*: asalto.

Los omnes de la villa   e los sus compañeros, 104
esto cómo cuntiera[317]   com non eran certeros,
defuera de la villa,   entre unos riberos,[318]
allá lo soterraron,   non entre los dezmeros.[319]

Pesó·l a la Gloriosa   con est enterramiento, 105
que yazié el su siervo   fuera de su conviento;
parezió·l a un clérigo   de buen entendimiento,
díssoli que fizieran   en ello fallimiento.[320]

Bien avié treinta días   que era soterrado, 106
en término tan luengo   podié seer dañado.
Dísso·l Sancta María: «Fiziestes desguissado,
que yaz el mi notario[321]   de vós tan apartado.

»Mándote que lo digas: que el mi cancellario[322] 107
non mereció seer   echado del sagrario;[323]
dilis que no lo dexen   ý[324] otro trentanario;[325]
métanlo con los otros   en el buen fossalario».[326]

Demandóli el clérigo,   que yazié dormitado: 108
«¿Quí eres tú que fablas?   Dime de ti mandado,[327]
ca, cuando lo dissiero,[328]   seráme demandado

---

[317] *cuntiera*: aconteciera, sucediera.
[318] *riberos*: ribazos.
[319] *dezmeros*: diezmeros, los que pagaban diezmos.
[320] *fallimiento*: error.
[321] *notario*: secretario.
[322] *cancellario*: canciller, secretario.
[323] *sagrario*: lugar sagrado.
[324] ý: ahí.
[325] *trentanario*: treinta años.
[326] *fossalario*: sepultura, osario.
[327] *mandado*: razón.
[328] *dissiero*: dijere.

quí es el querelloso[329]   o quí el soterrado».

Díssoli la Gloriosa: «Yo só Sancta María,   109
madre de Jesu Cristo,   que mamó leche mía;
el que vós desechastes   de vuestra compañía,
por cancellario mío   yo a éssi tenía.

»El que vós soterrastes   lueñe[330] del cimiterio,   110
al que vós non quisiestes   fazer nul ministerio,[331]
yo por ésti te fago   todo est reguncerio;[332]
si bien no lo recabdas,[333]   tente por en lazerio».

El dicho de la dueña   fue luego recabdado,   111
abrieron el sepulcro   apriesa e privado,[334]
vidieron un miráculo   non simple ca doblado,[335]
el uno e el otro   fue luego bien notado.

Issiéli[336] por la boca   una fermosa flor,   112
de muy grand fermosura,   de muy fresca color;
inchié[337] toda la plaza   de sabrosa olor,
que non sentién del cuerpo   un punto de pudor.[338]

Trobáronli la lengua   tan fresca e tan sana   113
cual pareze de dentro   la fermosa mazana;

---

[329] *querelloso*: el que se queja.
[330] *lueñe*: lejos.
[331] *ministerio*: servicio religioso.
[332] *reguncerio*: reprensión.
[333] *recabdas*: cumples.
[334] *privado*: pronto.
[335] *doblado*: doble.
[336] *Issiéli*: le salía.
[337] *inchié*: llenaba.
[338] *pudor*: mal olor.

no la tenié más fresca a la merediana,[339]
cuando sedié fablando en media la quintana.[340]

Vidieron que viniera esto por la Gloriosa, 114
ca otri non podrié fazer tamaña cosa.
Transladaron el cuerpo, cantando «Specïosa»,[341]
aprés[342] de la eglesia en tumba más preciosa.

Todo omne del mundo fará grand cortesía 115
qui fiziere servicio a la Virgo María;
mientre que fuere vivo verá plazentería,
e salvará el alma al postremero[343] día.

Gonzalo de Berceo: Duelo que fizo la Virgen

42

¡Eya velar![344]

Tornaron al sepulcro vestidos de lorigas,[345] 176
diciendo de sus bocas muchas sucias nemigas,[346]
controbando cantares que non balién tres figas,[347]
tocando instrumentos: cedras, rotas e gigas.[348]

---

[339] *a la merediana*: al mediodía.

[340] *quintana*: quinta.

[341] *Speciosa*: canto litúrgico dedicado a la Virgen.

[342] *aprés*: cerca.

[343] *postremero*: postrimero, último; se refiere al día del Juicio Final.

[344] Intercalada en el *Duelo de la Virgen*, esta cantiga pretende ridiculizar a los judíos en su vigilancia del santo sepulcro. Aunque se ha creído que era un cantar de vela procedente de la lírica tradicional, parece más probable que sea una parodia de algunas secuencias litúrgicas.

[345] *loriga*: vestido tejido con malla metálica.

[346] *nemigas*: vilezas.

[347] *que non balién tres figas*: que no valían tres higos.

[348] *cedras, rotas e gigas*: tres instrumentos de cuerda.

Cantavan los trufanes[349]   unas controvaduras[350] 177
que eran a su madre   amargas e muy duras:
«Aljama,[351] nos velemos,   andemos en corduras,
si non farán de nos   escarnio e gahurras.[352]

Eya velar, eya velar, ¡eya velar!
Velat aljama de / judiós, 178
¡eya velar!
que non vos furten[353] el / su dios.
¡Eya velar!

Ca ya furtárvoslo querrán, 179
¡eya velar!
Andrés e Peidro e Johán.
¡Eya velar!

Non sabedes tanto *d'*escanto, 180
¡eya velar!
que iscades de so el canto.[354]
¡Eya velar!

Todos son omnes ladronciellos, 181
¡eya velar!
que assechan por los pestiellos.[355]
¡Eya velar!

Vuestra lengua tan palavrera, 182

---

[349] *trufanes*: truhanes, malvados.
[350] *controvaduras*: improvisaciones.
[351] *Aljama*: judería.
[352] *gahurras*: burlas.
[353] *furten*: hurten, roben.
[354] No sabéis tantos encantamientos que podáis salir bajo la piedra.
[355] *pestiellos*: pestillos, cerraduras.

¡eya velar!
havos dado mala carrera.
¡Eya velar!

Todos son omnes plegadiços, 183
¡eya velar!
rioaduchos, mescladiços.[356]
¡Eya velar!

Vuestra lengua tan sin recabdo 184
¡eya velar!
por mal cabo vos ha echado.
¡Eya velar!

Non sabedes tanto d'enganno 185
¡eya velar!
que iscades end est un anno.
¡Eya velar!

Non sabedes tanta raçón 186
¡eya velar!
que iscades de la presón.
¡Eya velar!

Don Tomaseio e Matheo 187
¡eya velar!
de furtarlo han grant deseo.
¡Eya velar!

El discípulo lo vendió 188
¡eya velar!
el maestro no·l entendió

[356] *plegadiços, rioaduchos, mescladiços*: novatos, advenedizos, mestizos.

¡Eya velar!

Don Philipo, Simón e Judas, 189
¡eya velar!
por furtarlo buscan ayudas.
¡Eya velar!

Si lo quieren acometer 190
¡eya velar!
oy es día de parescer.
¡Eya velar!».

Libro de Apolonio

43

Pentápolis. Juego de la pelota. El rey Architrastres juega con Apolonio y le invita a comer.

Aún por venir era la ora de yantar, 144
salliénse los donzelles fuera a deportar;[357]
comenzaron luego la pellota jugar,
que solían ha esse tiempo esse juego jugar.

Metióse Apolonio, maguer mal adobado,[358] 145
con ellos al trebeio,[359] su manto afiblado.[360]
Abinié[361] en el juego, fazié tan aguisado
como si fuesse de pequenyo hí[362] criado.

---

[357] *deportar*: divertirse.
[358] *maguer mal adobado*: aunque mal vestido.
[359] *trebeio*: juego.
[360] *afiblado*: abrochado (sin desatar las *fíbulas,* las "hebillas").
[361] *Abinié*: tenía éxito en el juego.
[362] *hí*: en ello, en el juego de la pelota.

Fazíala yr derecha quando le dava del palo, 146
quando la reçibié nol' sallía de la mano;
era en el depuerto sabidor e liviano.
Entendrié quien se quiere[363] que non era villano.

El rey Architartres, cuerpo de buenas manyas, 147
salliése ha deportar con sus buenas companyas.
Todos trayén consigo sus vergas[364] e sus canyas,
eguales e bien fechas, derechas e estranyas.[365]

Tovo mientes ha todos,[366] cada huno cómo jugava, 148
cómo ferié la pella o cómo la recobrava;
vio en la rota, que espessa andaua,
que toda la meioría[367] el pobre la levava.

Del su continiente[368] ovo grant pagamiento, 149
porque toda su cosa levava con buen tiento.
Semeiól' omne bueno, de buen entendimiento;
de deportar con éll tomó grant taliento.[369]

Mandó posar[370] los otros, quedar toda la rota; 150
mandó que les dexassen a amos la pellota.
El capdiello de Tiro,[371] con su mesquindat toda,
bien se alimpiava los oios de la gota.[372]

---

[363] *quien se quiere*: cualquiera.
[364] *vergas*: varas, palos.
[365] *estranyas*: extraordinarias.
[366] *Tovo mientes ha todos*: se fijó en todos.
[367] *meioría*: mejoría.
[368] *continiente*: maneras.
[369] *taliento*: deseo.
[370] *posar*: parar.
[371] *El capdiello de Tiro*: Apolonio.
[372] *bien se alimpiava los oios de la gota*: puede referirse a una gota de sudor o a las lágrimas de contento.

Ovo gran pagamiento Architrastes del juego; 151
que grant omne era entendiógelo luego.[373]
Dixo al pelegrino: –«Amigo, yo te ruego
que yantes oy comigo, non busques otro fuego.»

Non quiso Apolonio atorgar el pedido, 152
ca non dixo nada, de vergüença perdido.
Todos lo combidavan, maguer mal vestido,
ca bien entendién todos dónde era estorçido.[374]

Vino, en este comedio, la hora de yantar; 153
ovo en la villa el rey a entrar.
Derramaron[375] todos, cada huno por su lugar;
los hunos a los otros non se querién esperar.

Apolonio de miedo de la corte enojar, 154
que non tenié vestido ni adobo de prestar,
non quiso de vergüença al palaçio entrar.
Tornóse de la puerta, comenzó de llorar.

El rey non tovo mientes[376] fasta que fue entrado; 155
luego lo vio menos[377] quanto fue assentado.
Llamó a un escudero, que era su privado,
preguntól' por tal omne que dó era parado.

Salló ell escudero fuera, vio cómo seýa, 156
tornó al rey e dixo que vergüença avía;
ca peligró en la mar, perdió quanto traýa.
con mengua de vestido entrar non s'entrevía.

---

[373] *luego*: en seguida.
[374] *ca... estorçido*: de qué situación se había salvado.
[375] *derramaron*: se dispersaron.
[376] *non tovo mientes*: no se dio cuenta.
[377] *luego lo vio menos*: lo echó de menos.

44
Tarsiana se gana la vida como juglaresa

Luego el otro día, de buena madrugada, 426
levantóse la duenya ricamiente adobada;
priso huna viola buena e bien tenprada
e sallió al mercado violar por soldada.[378]

Començó hunos viesos e hunos sones tales 427
que trayén grant dulçor e eran naturales.
Finchiénse[379] de omnes apriesa los portales,
non les cabién en las plaças, subiénse a los poyales.

Quando con su viola hovo bien solazado, 428
a sabor de los pueblos hovo asaz cantado,
tornóles a rezar[380] hun romançe bien rimado
de la su razón misma por hó havía pasado.[381]

Fizo bien a los pueblos su razón entender. 429
Más valié de çient marquos ese día el loguer.[382]
Fuesse el traydor pagando del menester;
ganava por ello sobeiano[383] grant aver.

Cogieron con la duenya todos muy grant amor, 430
todos de su fazienda[384] avían grant sabor;
demás, como sabían que avía mal senyor,
ayudávanla todos de voluntat mejor.

---

[378] *violar por soldada*: a tocar la viola por dinero.

[379] *Finchiénse*: se henchían, se llenaban.

[380] *rezar*: recitar.

[381] *de la su... pasado*: de la misma materia por la que había pasado, es decir, sobre su vida anterior.

[382] *loguer*: dinero ganado.

[383] *sobeiano*: abundante.

[384] *facienda*: hechos.

El prínçipe Antinágora mejor la querié; 431
que si su fija fuese más non la amarié;
el día que su boz o su canto non oyé
conducho que comiese mala pro le tenié.

Tan bien sopo la duenya su cosa aguisar 432
que sabía a su amo la ganançia tornar.
Reyendo e gabando con el su buen catar,
sópose, maguer ninya, de follía quitar.

Visó en esta vida hun tiempo porlongado, 433
fasta que a Dios plogo, bien quita de pecado.
Mas dexemos a ella su menester usando,
tornemos en el padre que andava lazdrado.

Poema de Fernán González

45
Elogio de España[385]

Por esso vos lo digo que byen lo entendades: 145
mejor que otras tierras es la que vós morades,
de todo bien conplida es la que vós estades.
dezirvos he agora quántas á de vondades.

Tyerra es muy tenprada, syn grandes calenturas, 146
non faze en Yvierno destenpradas fryuras;
non es tierra en mundo con atales pasturas,[386]
árvoles pora fruta syquier' de mill naturas.

---

[385] Aunque ya San Isidoro incluye en sus *Etimologías* el tópico del *laus Hispaniae,* es en el siglo XIII cuando se hace más frecuente, quizá por el avance de la Reconquista. Aparece en la crónica del Toledano (*De rebus Hispaniae*), en la del Tudense (*Chronicon mundi*) y en la *Primera Crónica General* de Alfonso X.

[386] *pasturas*: pastos.

Sobre todas las tierras, mejor es la montaña: 147
de vacas e ovejas non á tierra tamaña,[387]
tantos ha ý de puercos[388] que es fyera fazaña;
syrvense muchas tierras de las cosas d'España.

Es de lino e de lana tierra much' avastada,[389] 148
d'Inglaterra e Francia, mucho más avondada;
de çera sobra todas, vuena tierra provada,
non serié d'azeyte en mundo tal fallada.

Buena tierra de caça e buena de venados, 149
de río e de mar, muchos buenos pescados,
quien los quiere rezientes,[390] quien los quiere salados,[391]
son d'estas cosas tales pueblos muy abastados.

De panes e de vynos, tierra muy comunal:[392] 150
nan fallarién en mundo otra mejor nin tal;
muchas de buenas fuentes, mucho río cabdal,[393]
otras muchas mineras[394] de que fazen la sal.

Á muchas venas ý de fyerro e de plata,
Á y venas de oro: son de mejor varata;[395] 151
á en syerras e valles mucha de buena mata,
toda llena de grana[396] pora fer escarlata.

---

[387] *tamaña*: tan grande.
[388] *puercos*: jabalíes.
[389] Las anteriores *laudes Hispaniae* no mencionan el lino y la lana.
[390] *rezientes*: frescos.
[391] *salados*: en salazón.
[392] *comunal*: corriente.
[393] *cabdal*: caudaloso.
[394] *mineras*: minas; aquí es sustantivo.
[395] *varata*: precio.
[396] *grana*: cochinilla; se utilizaba para colorear las telas.

Por lo que ella más val'ella, aún non lo diximos: 152
de los buenos cavallos aun mençión non vos fyziemos,
mejor tierra es d' ellos que quantas nunca vyemos,
nunca tales cavallos en el mundo non viemos.

Dexarvos quiero d'esto: assaz vos he contado, 153
non quiero más dezir, que podrié ser errado;
pero non olvidemos al apostol honrado,
fijo del Zebedeo, Santiago llamado.

Fuertemient' quiso Dios a España honrar, 154
quand' al santo apóstol quiso ý enbÿar;
d'Inglatierra e Françia quísola mejorar,
que non yaz apóstol en tod'aquel logar. [397]

Onrole otra guisa el preçiosso Señor: 155
fueron ý muchos santos muertos por su Señor;
de moryr a cochyello non ovyeron temor,
muchas vírgenes santas, mucho buen confessor.

Com'ella es mejor de las sus vezindades, 156
sodes mejores quantos en España morades;
omnes sodes sesudos, mesura heredades,
d'esto por tod'el mundo muy grand preçio ganades.

46
Elogio de Castilla

Pero de toda Spaña, Castyella es mejor, 157
porque fue de los otros el comienço mayor,
guardando e temiendo syenpre a su señor
quiso acreçentarla ansý el Cryador.

---

[397] El autor presume de que en España hay enterrado un apóstol, frente a Francia e Inglaterra que no tienen este privilegio.

Aún Castyella Vyeja, al mi entendimiento, 158
mejor es que lo ál, por que fue el çimiento;
ca conquirieron mucho, maguer poco conviento:[398]
bien lo podedes ver en el acabamiento.[399]

47
San Pedro de Arlanza

El cond' Ferrán Gonçález, cuerpo de buenas mañas, 226
cavalgó en su cavallo, partio s'de sus conpañas.
Por yr vuscar el puerco, metió s' por las montañas:
falló l' en un arroyo, çerca de Vasquebañas.[400]

Acojióse el puerco a un fiero lugar, 227
do tenía su cueva e solié alvergar;
non se osó el puerco en cueva segurar:
fuxo[401] a un' ermita, metyó s' tras el altar.

Era essa ermita d'una yedra techada, 228
porque de toda ella non paresçía nada;[402]
tres monjes ý vevían vyda fuerte lazrada,[403]
San Pedro avié nonbre essa casa sagrada.

Non pudo por la peña el conde aguijar, 229
sorrendó[404] el cavallo, ovo s' de apear;
por do s' metió el puerco, metió s' por es' lugar,
entró por la ermita, llegó fasta'l altar.

---

[398] *maguer poco conviento*: aunque eran pocos en origen.
[399] *acabamiento*: resultado (de la Reconquista).
[400] *Vasquebañas*: topónimo desconocido.
[401] *fuxo*: huyó.
[402] *non paresçía nada*: no se veía nada.
[403] *lazrada*: lacerada, sacrificada.
[404] *sorrendó*: detuvo.

Quando vio don Fernando tan onrado logar, 230
desanparó[405] el puerco, no l'quiso ý matar:
«Señor –diz– a quien temen los vientos e la mar,
si yo erré en esto, dévesme perdonar.

A Ty me manifyesto, Virgen Santa María, 231
que d'esta santydat, Señora, non sabía;
por ý fazer enojo, aquí non entraría,
synon por dar ofrenda o por fer romería.

Señor, Tú me perdona, me val' e me ayuda 232
contra la gent' pagana que tanto me seguda,
anpara a Castyella de la gent' descreúda:[406]
si Tú non la anparas, téngola por perduda.»

Quando ovo el conde l'oraçión acabada, 233
vyno a él un monje de la pobre posada;
Pelayo avyé nonbre, vivié vyda lazrada,
salvó l' e preguntó l' quál era su andada.

Dixo l'que tras el puerco era aý venido, 234
era de su mesnada redrado e partydo;
sy por pecados fuesse de Almozor sabydo,
non fyncaría tierra do escapasse vivo.

Recudió l' monje, dixo: «Ruego t' por Dios, amigo, 235
sy fuesse tu mesura, que ospedes conmigo.
dar te he yo pan d'ordio,[407] ca non tengo de trygo,
dar te he yo del agua que no tengo del vyno:
e sabrás cóm'as de fer contra'l tu enemigo.»

---

[405] *desanparó*: abandonó.
[406] *descreóda*: descreída, no creyente.
[407] *ordio*: cebada.

El conde Ferrán Gonçalez, de todo byen conplido, 236
del monje San Pelayo resçibio su convido;[408]
del ermitaño santo tovo s'por byen servido:
mejor non alvergara después que fue nasçido.

Dixo don fray Pelayo escontra[409] su señor: 237
«Fagote, el buen conde, de tanto sabydor,
que quier'la tu fazienda guiar el Cryador:
vençrás tod'el poder del moro Almozor.

Farás grandes vatallas en la gent' descreýda: 238
muchas serán las gentes a quien toldrás[410] la vida;
cobrarás de la tierra una buena partyda,
la sangre de los reyes por ty será vertyda.

Non quiero más dezirte de toda tu andança 239
será por tod'el mundo temida la tu lança;
quanto que te yo digo, tenlo por segurança,
dos vezes serás preso, creýme syn dudança.

Antes de terçer día serás en grand cuidado, 240
ca veras el tu pueblo todo muy espantado:
verán un fuerte sygno qual non vyo omne nado,[411]
el mas loçano d'ellos será muy desmayado.

Tú confortarlos has quanto mejor podieres, 241
dezirles has a todos que semejan mugeres,
departir has[412] el signo quanto mejor sopieres,
perderán todo el miedo quand' gelo departieres.

---

[408] *convido*: convite, invitación.
[409] *escontra*: a.
[410] *toldrás*: quitarás.
[411] *nado*: nacido.
[412] *departir has*: has de explicar.

Espýdete agora con lo que as oýdo; 242
aqueste lugar pobre no l'eches en olvido.
Fallarás el tu pueblo triste e dolorido,
fazient'lloro e llanto, metiendo apellido.[413]

Por lloro nin por llanto non fazen ningún tuerto,[414] 243
ca piensan qu'eres preso o que moros t' han muerto,
que quedan syn señor e sin ningún confuerto,[415]
coydavan con los moros por ty salir a puerto.[416]

Mas ruégote, amigo, e pýdote de grado 244
que quando tú ovieres el canpo arrancado,[417]
véngasete en mientes d'est' convento laçrado
e non se te olvide el pobre ospedado.

Señor, tres monjes somos assaz[418] pobre convento, 245
la nuestra pobre vyda non ha nin par nin cuento;
sy Dios non nos enbya algún consolamiento,
daremos a las syerpes nuestro avytamiento.»[419]

El conde diol' respuesta com'omne enseñado, 246
dixo: «Don fray Pelayo, non ayades cuydado,
quanto que demandastes servos ha otorgado,
conosçredes[420] adónde diestes el ospedado.

Si Dios aquesta lid me dexa arrancar, 247

---

[413] *metiendo apellido*: llorando a gritos.

[414] *non fazen ningún tuerto*: no hacen nada inconveniente.

[415] *confuerto*: consuelo.

[416] *por ti salir a puerto*: gracias a ti salir a buen puerto, acabar victoriosamente.

[417] *arrancado*: derrotado.

[418] *assaz*: bastante.

[419] *daremos... avytamiento*: tendremos que abandonar (dar a las serpientes) el lugar que habitamos.

[420] *conosçredes*: recordaré.

quiero tod' el mi quinto a este lugar dar;[421]
demas, quando muriere, aquí me soterrar,[422]
que mejore por mí syenpre este lugar.

Faré otra iglesia de más fuerte çimiento, 248
faré dentro en ella el mi soterramiento,
daré ý donde vivan de monjes más de çiento,
sirvan todos a Dios, fagan su mandamiento.»

Despydióse del monje alegre e pagado. 249
výnose pora Lara el conde venturado;
quando allá llegó e le vio su fonsado,[423]
el lloro e el llanto en gozo fue tornado.

Contó a sus varones com'le avyé contido[424] 250
del monje que fallara que yazié ascondido,
cómmo fuera su uesped, tomara su convydo:
mejor non alvergara después que fue nasçido.

Cantar del rey don Alonso[425]

48

E el rey don Alonso cuando se vido desapoderado e pobre, metió se en Sevilla, que no le fincaba más, e cantava e decía así:

---

[421] *quiero... dar*: prometo dar la quinta parte del botín.

[422] *me soterrar*: enterrarme.

[423] *fonsado*: ejército.

[424] *contido*: acontecido.

[425] La sucesión del reino castellano desencadenó una lucha entre Alfonso X y los partidarios de su hijo Sancho IV. Estas cinco cuadernas (salvo la primera) reflejan el abatimiento del monarca ante los sucesos que le tocó vivir al final de su reinado. Está narrado en primera persona para acentuar la angustia del protagonista; se desconoce la fecha y el autor de esta composición que luego iba a adquirir nueva forma en el romancero.

Yo salí de mi tierra para Dios servir, 1
e perdí cuanto avía desde enero fasta abril,
e todo el reino de Castilla, fasta Guadalquivir.[426]

E los obispos e perlados, cuidé que meterían paz, 2
mas ellos dexaron esto e metieron mal asaz,[427]
entre mí e mis fijos, como en derecho non yaz':[428]
non a escuso,[429] mas a voces, como el añafil[430] faz'.

Fallesçiéronme[431] amigos e parientes que yo avía, 3
con averes e con cuerpos, e con su cavallería.
Ayúdeme Jhesu Christo e la Virgen Santa María,
que a ellos me acomiendo de noche e de día.

Non he más a quien lo diga nin a quien me querellar,[432] 4
pues los amigos que yo avía, non me osan ayudar,
que con miedo de don Sancho, desamparado me han:
non me desampare Dios, cuando por mí enbiare.

Yo ya oí otras veces de otro rey contar, 5
que con desamparo se ovo de meter en alta mar,
a morir en las ondas o en las aventuras buscar:
Apolonio fue aqueste e yo faré otro tal.[433]

---

[426] Pueden situarse los hechos en 1282, cuando su hijo Sancho recibe el respaldo de autoridades eclesiásticas en sus aspiraciones al trono.

[427] *asaz*: bastante.

[428] *como en derecho non yaz'*: al margen de lo que estipula el derecho.

[429] *a escuso*: no a escondidas.

[430] *añafil*: trompeta morisca.

[431] *fallesçiéronme*: me fallaron.

[432] *me querellar*: quejarme.

[433] Se refiere al pasaje en que Apolonio huye de Tarso a Pentápolis, cuando se da cuenta de que el rey Antioco le persigue en venganza por haber desvelado sus amores incestuosos. Es un buen testimonio de que la leyenda de Apolonio era bien conocida.

49
De lo que contesçió al Arçipreste con Ferrand Garçía, su mensajero

Mis ojos non verán luz, 115
pues perdido he a Cruz.[434]

Cruz cruzada, panadera,[435] 116
tomé por entendedera,
tomé senda por carrera
como [...] andaluz.[436]

Coidando que la avría, 117
díxielo a Ferrand Garçía
que troxiése la pletesía[437]
e fuese pleités e duz.[438]

Díxome que·l plazía de grado, 118
e fízose de la Cruz privado:
a mí dio rumiar salvado,
él comió el pan más duz.

---

[434] El nombre de la dama le sirve al Arcipreste para jugar con el doble significado del término. La hipérbole sagrada o sacroprofana es la utilización del lenguaje religioso para expresar el amor profano; se remonta a la poesía de los goliardos y es frecuente en la poesía provenzal y en sus transformaciones románicas, especialmente en la poesía castellana del otoño de la Edad Media.

[435] *panadera*: quizá porque realizaban su trabajo de noche o por su fácil relación con todo el mundo, el oficio de panadera tuvo mala reputación durante la Edad Media.

[436] Tomé un atajo en lugar del camino normal, como hace el andaluz.

[437] *que troxiése la pletesía*: que se encargase de cortejarla.

[438] Y fuese negociador y guía.

Prometiól por mi consejo 119
trigo que tenía añejo
e presentól un conejo,[439]
el traidor falso, marfuz.[440]

¡Dios confonda mensajero 120
tan presto e tan ligero!
¡Non medre Dios tal conejero
que la caça ansí aduz![441]

Quando la Cruz veía, yo sienpre me omillava, 121
santiguávame a ella doquier que la fallava;
el conpaño de çerca en la Cruz adorava;
del mal de la cruzada yo non me reguardava.[442]

Del escolar goloso, conpañero de cucaña,[443] 122
fize esta otra troba,[444] non vos sea estraña:
ca de ante nin después non fallé en España
quien ansí me feziese de escarnio magadaña.[445]

---

[439] *conejo*: aquí tiene significado erótico asociado al sexo masculino.

[440] *marfuz*: astuto.

[441] *aduz*: recoge, trae.

[442] El protagonista se duele de su mal, pero puede entenderse que es burlado igual que en las cruzadas las mujeres engañaban al hombre; o bien es una forma de denominar a la mujer, como en el verso 3.

[443] *cucaña*: picardía.

[444] Como en otros casos, el Arcipreste anuncia una canción que, si en verdad la compuso, no ha llegado hasta nosotros.

[445] *de escarnio magadaña*: con su escarnio una figura ridícula (un espantapájaros).

50

Aquí fabla de la respuesta que Don Amor dio al Arçipreste

El Amor, con mesura, diome respuesta luego, 423
diz: «Açipreste, sañudo non seyas, yo te ruego;
non digas mal de Amor en verdat nin en juego,
que a las vezes poca agua faze abaxar grand fuego.

»Por poco maldezir se pierde grand amor, 424
de pequeña pellea nasçe muy grand rencor,
por mala dicha pierde vassallo su señor;
la buena fabla sienpre faz de bueno mejor.

»Escucha la mesura, pues dixiste baldón;[446] 425
amenaçar non deve el que atiende[447] perdón;
do bien eres oído, escucha mi razón:
si mis castigos fazes, non te dirá muger non.

»Si tú fasta agora cosa non recabdeste 426
de dueñas e de otras que dizes que ameste,
tórnate a tu culpa, pues por ti lo erreste,
porque a mí non veniste nin viste nin proveste.

»Quisiste ser maestro ante que disçípulo ser, 427
e non sabes mi manera sin la de mí aprender;
óy e leye mis castigos e sábelos bien fazer:
recabdarás la dueña e sabrás otras traer.

»Para todas mugeres tu amor non convién; 428
non quieras amar dueña que a ti non avién:[448]

---

[446] *baldón*: palabras injustas.
[447] *atiende*: espera.
[448] *a ti non avién*: no se aviene contigo.

es un amor baldío, de grand locura vien,
sienpre será mesquino quien amor vano tien.

»Si leyeres Ovidio, el que fue mi criado,[449] 429
en él fallarás fablas que le ove yo mostrado,
muchas buenas maneras para enamorado:
Pánfilo e Nasón[450] yo los ove castigado.

»Si quisieres amar dueña o otra qualquier muger, 430
muchas cosas avrás primero de aprender;
para que ella te quiera en amor acoger,
sabe primeramente la muger escoger.

»Cata muger fermosa, donosa e loçana, 431
que non sea muy luenga nin otrosí enana;
si podieres non quieras amar muger villana,
que de amor non sabe: es como bausana.[451]

»Busca muger de talla, de cabeça pequeña; 432
cabellos amarillos, non sean de alheña;[452]
las çejas apartadas, luengas, altas, en peña;[453]
angosta de cabellos:[454] ésta es talla de dueña.

»Ojos grandes, someros,[455] pintados, reluzientes, 433

[449] Por haber escrito un *Ars amandi*.

[450] Pánfilo es el protagonista de una comedia latina medieval (*Pamphilus de amore*), parafraseada por el Arcipreste en el pasaje de don Melón y doña Endrina. Nasón se refiere a Publio Ovido Nasón, aunque no se explica por qué aparece aquí como castigado.

[451] *bausana*: boba, espantapájaros.

[452] *alheña*: planta con la que se teñía de rubio el pelo.

[453] *en peña*: arqueadas.

[454] *angosta de cabellos*: quizá quiera decir "de pelo espeso" o "de pelo recogido".

[455] *someros*: salientes.

e de luengas pestañas, bien claras, paresçientes;
las orejas pequeñas, delgadas; páral mientes
si ha el cuello alto: atal quieren las gentes.

»La nariz afilada, los dientes menudillos, 434
eguales, e bien blancos, un poco apartadillos;
las enzivas[456] bermejas; los dientes agudillos;
los labros de la boca bermejos, angostillos.

»La su boca pequeña, así de buena guisa; 435
la su faz sea blanca, sin pelos, clara e lisa.
Puna[457] de aver muger que la vea sin camisa,
que la talla del cuerpo te dirá: esto aguisa.[458]

51

Enxienplo de la propiedat qu'el dinero ha[459]

»Mucho faz el dinero, e mucho es de amar: 490
al torpe faze bueno e omne de prestar;[460]
faze correr al coxo e al mudo fablar;
el que non tiene manos, dineros quiere tomar.

»Sea un omne nesçio e rudo labrador, 491
los dineros le fazen fidalgo e sabidor;

---

456 *enzivas*: encías.

457 *Puna*: pugna, esfuérzate.

458 Frase de sentido dudoso; parece significar "esto está bien".

459 Don Amor le aconseja al Arcipreste que si quiere ser buen amante ha de ser generoso; para ilustrar esta enseñanza explica las propiedades del dinero, tópico de la poesía goliardesca en que la sátira alcanza a todo el mundo, pero muy en especial a los estamentos religiosos. Por otro lado es una buena muestra de la mentalidad burguesa y de la importancia del dinero en pleno siglo XIV.

460 *omne de prestar*: hombre respetable.

quanto más algo tiene, tanto es más de valor:
el que non ha dineros non es de sí señor.

»Si tovieres dineros, avrás consolaçión, 492
plazer e alegría e del Papa raçión;
conprarás Paraíso, ganarás salvaçión:
do son muchos dineros, es mucha bendiçión.

»Yo vi en corte de Roma, do es la Santidad, 493
que todos al dinero fazíenle homildat;
grand onra le fazían con grand solepnidat:
todos a él se omillan, como a la Magestat.

»Fazié muchos priores, obispos e abbades, 494
arçobispos, doctores, patriarcas, potestades;
a muchos clérigos nesçios dávales dinidades;
fazié verdat mentiras e mintiras verdades.

»Fazía muchos clérigos e muchos ordenados, 495
muchos monges e monjas, religiosos sagrados:
el dinero los dava por bien examinados;
a los pobres dezían que non eran letrados.

»Dava muchos juizios, mucha mala sentençia: 496
con muchos abogados era su mantenençia,
en tener pleitos malos e fazer mala abenençia;
en cabo, por dineros avía penitençia.[461]

»El dinero quebranta las cadenas dañosas; 497
tira çepos e grillos e presiones[462] peligrosas;
al que non da dineros échanle las esposas:
por todo el mundo faze cosas maravillosas.

---

[461] *avía penitençia*: se daba la absolución en el sacramento de la penitencia.
[462] *presiones*: prisiones.

»Yo vi fer maravillas do él mucho usava: 498
muchos meresçían muerte, que la vida les dava;
otros eran sin culpa que luego los matava;
muchas almas perdía e muchas salvava.

»Faze perder al pobre su casa e su viña, 499
sus muebles e raízes todo lo desaliña;
por todo el mundo cunde su sarna e su tiña;
do el dinero juzga, allí el ojo guiña.

»Él faze cavalleros de neçios aldeanos, 500
condes e ricosomnes de algunos villanos;
con el dinero andan todos omnes loçanos;
quantos son en el mundo le besan oy las manos.

»Vi tener al dinero las mejores moradas, 501
altas e muy costosas, fermosas e pintadas;
castillos, heredades e villas entorreadas
al dinero servían e suyas son conpradas.

»Comía muchos manjares de diversas naturas, 502
vistía los nobles paños, doradas vestiduras,
traýa joyas preçiosas en viçios e folguras,
guarnimientos estraños, nobles cavalgaduras.

»Yo vi a muchos monges en sus predicaciones 503
denostar al dinero e a las sus tenptaçiones,
en cabo, por dinero otorgan los perdones,
asuelven el ayuno e fazen oraçiones.

»Pero que[463] le denuestan los monges por las plaças, 504
guárdanlo, en convento, en vasos e en taças:

[463] *Pero que*: aunque.

con el dinero cunplen sus menguas e sus raças;
más condesijos[464] tienen que tordos nin picaças.[465]

»Comoquier que los frailes non toman los dineros, 505
bien les dan de la çeja[466] do son sus parçioneros;[467]
luego los toman prestos sus omes despenseros:
pues que se dizen pobres, ¿qué quieren thessoreros?[468]

»Monges, clérigos e fraires, que aman a Dios servir, 506
si varruntan que el rico está ya para morir,
quando oyen sus dineros que comiençan retenir,[469]
quál d'ellos lo levará comiençan luego a reñir.

»Allí están esperando quál avrá más rico tuero;[470] 507
non es muerto e ya dizen «*Pater noster*», mal agüero,
como los cuervos al asno quando le desuellan el cuero:
«Cras, cras[471] nós lo avremos, que nuestro es ya por fuero.»

»Toda muger del mundo e dueña de alteza 508
págase del dinero e de mucha riqueza;
yo nunca vi fermosa que quisiese pobreza:
do son muchos dineros, ý es mucha nobleza.

»El dinero es alcalde e juez mucho loado, 509
éste es consejero e sotil abogado,
alguaçil e merino,[472] bien ardit,[473] esforçado:

---

[464] *condesijos*: escondrijos.
[465] *picaças*: urracas.
[466] *les dan de la çeja*: les guiñan el ojo.
[467] *parçioneros*: cómplices.
[468] *¿qué quieren thessoreros?*: ¿para qué quieren tesoreros?
[469] *retenir*: sonar.
[470] *tuero*: parte de la herencia.
[471] *Cras, cras*: mañana, mañana.
[472] *merino*: gobernador militar o juez delegado del rey.
[473] *bien ardit*: muy valiente.

de todos los ofiçios es muy apoderado.

»En suma te lo digo, tómalo tú mejor: 510
el dinero, del mundo es grand rebolvedor;
señor faze del siervo, de señor servidor;
toda cosa del siglo se faze por su amor.

»Por dineros se muda el mundo e su manera; 511
toda muger cobdiçiosa de algo es falaguera,
por joyas e dineros salirá de carrera:[474]
el dar quebranta peñas, fiende[475] dura madera;

»derrueca fuerte muro e derriba grant torre; 512
a coita e a grand priessa el mucho dar acorre:
non ha siervo cabtivo que el dinero non le aforre:[476]
el que non tiene qué dar, el su cavallo non corre.

»Las cosas que son graves fázelas de ligero: 513
por ende a tu vieja sé franco e llenero,
que poco o que mucho, non vaya sin loguero:[477]
non me pago de joguetes do non anda el dinero.

»Si algo non le dieres, cosa mucha o poca, 514
sey franco de palabra, non le digas razón loca:
quien non tiene miel en la orça,[478] téngala en la boca;
mercador que esto faze bien vende e bien troca.

---

[474] *salirá de carrera*: se saldrá de su camino.

[475] *fiende*: hiende.

[476] *aforre*: dé libertad.

[477] *loguero*: paga.

[478] *orça*: orza, olla.

52
De lo que conteşçió al Arçipreste con la serrana e de las figuras d'ella

Sienpre ha mala manera[479] la sierra e la altura: 1006
si nieva o si yela, nunca da calentura;
bien en çima del puerto, fazía orilla dura,
viento con grand elada, rozío con friura.

Como omne non siente tanto frío si corre, 1007
corrí la cuesta ayuso,[480] ca diz: «Quien da a la torre,
antes diçe la piedra que sale el alhorre».[481]
Yo dixe: «Só perdido, si Dios non me acorre.»

Nunca desque nasçí pasé tan grand peligro 1008
de frío; al pie del puerto falléme con vestiglo,[482]
la más grande fantasma que vi en este siglo:
yeguariza trefuda, talla de mal çeñiglo.[483]

Con la coita del frío e de aquella grand elada, 1009
roguél que me quisiese ese día dar posada;
díxome que·l plazía si·l fuese bien pagada:
tovélo a Dios en merçed e levóme a la Tablada.

Sus mienbros e su talla non son para callar, 1010
ca bien creed que era grand yegua cavallar;
quien con ella luchase non se podría bien fallar:
si ella non quisiese, non la podría aballar.[484]

---

[479] *ha mala manera*: tiene mal comportamiento.
[480] *ayuso*: abajo
[481] *alhorre*: no se conoce el significado de esta palabra (quizás "halcón"), pero el sentido del refrán es claro: conviene ser precavido.
[482] *vestiglo*: monstruo, bestia extraordinaria.
[483] *çeñiglo*: planta de aspecto polvoriento y sucio.
[484] *aballar*: abatir, derribar.

En el Apocalipsi Sant Johan Evangelista 1011
non vido tal figura nin de tan mala vista;
a grand hato daría lucha e grand conquista:
non sé de quál diablo es tal fantasma quista.[485]

Avía la cabeça mucho grande, sin guisa, 1012
cabellos chicos, negros, más que corneja lisa,
ojos fondos, bermejos, poco e mal devisa;
mayor es que de osa la patada do pisa;

las orejas mayores que de añal burrico, 1013
el su pescueço negro, ancho, velloso, chico,
las narizes muy gordas, luengas, de çarapico;[486]
bevería en pocos días caudal de buhón rico.[487]

Su boca de alana e los rostros[488] muy gordos, 1014
dientes anchos e luengos, asnudos e moxmordos,[489]
las sobreçejas anchas e más negras que tordos:
¡los que quieren casarse, aquí non sean sordos!

Mayores que las mías tiene sus prietas barvas; 1015
yo non vi en ella ál, mas si tú en ella escarvas,
creo que fallarás de las chufetas darvas;[490]
valdríasete más trillar en las tus parvas.[491]

Mas, en verdat, sí, bien vi fasta la rodilla: 1016
los huesos mucho grandes, la çanca non chiquilla,

[485] *quista*: querida.
[486] *çarapico*: zarapito, ave de pico largo y encorvado.
[487] *buhón rico*: gran charca.
[488] *rostros*: labios.
[489] *moxmordos*: mal dispuestos.
[490] *chufetas darvas*: quizá un tipo de trufas.
[491] *valdríasete... parvas*: frase proverbial que viene a significar que más te valdría quedarte en tus cosas.

de las cabras de fuego[492] una grand manadilla;
sus tovillos mayores que de una añal novilla.

Más ancha que mi mano tiene la su muñeca, 1017
vellosa, pelos grandes, pero, non mucho seca;
boz gorda e gangosa, a todo omne enteca,[493]
tardía, como ronca, desdonada[494] e hueca.

El su dedo chiquillo mayor es que mi pulgar: 1018
piensa de los mayores si te podrías pagar;
si ella algún día te quisiese espulgar,
bien sentiría tu cabeça que son viga de lagar.

Por el su garnacho[495] tenía tetas colgadas, 1019
dávanle a la çinta[496] pues que estavan dobladas,
ca estando senzillas darl'ién so las ijadas:[497]
a todo son de çítola andarían sin ser mostradas.[498]

Costillas mucho grandes en su negro costado, 1020
unas tres vezes contélas estando arredrado;[499]
dígote que non vi más nin te será más contado,
ca moço mesturero[500] non es bueno para mandado.[501]

De quanto que me dixo e de su mala talla, 1021

---

[492] *cabras de fuego*: coloraciones que adquiere la piel de las piernas cuando están a la lumbre.

[493] *enteca*: desagradable.

[494] *desdonada*: sin donosura.

[495] *garnacho*: vestidura.

[496] *çinta*: cintura.

[497] *darl'ién so las ijadas*: le darían por debajo de las ijadas.

[498] *a todo... mostradas*: bailarían al son de la cítola sin mostrarlas.

[499] *arredrado*: apartado.

[500] *mesturero*: chismoso.

[501] *mandado*: recado (porque lo iría contando).

fize bien tres cantigas, mas non pud bien pintalla:
las dos son chançonetas, la otra de trotalla;[502]
de la que te non pagares, veyla[503] e ríe e calla.

53
Cántica de serrana

Çerca la Tablada, 1022
la sierra passada,
falléme con Alda
a la madrugada

En çima del puerto, 1023
çoidéme ser muerto
de nieve e de frío,
e d'ese roçío
e de grand elada.

Ya a la deçida[504] 1024
di una corrida,
fallé una serrana
fermosa, loçana
e bien colorada.

Dixe yo a ella: 1025
«Omíllome, bella.»
Diz: «Tú que bien corres

---

[502] No sabemos si la cantiga que sigue es una de las tres mencionadas, pues no responde al carácter grotesco de la serrana. Tampoco sabemos en qué consistían los dos géneros mencionados (*chançonetas* y *de trotalla*).
[503] *veyla*: vela (imperativo de *ver*).
[504] *deçida*: bajada.

aquí non te engorres:[505]
anda tu jornada.»

Yo·l dix: «Frío tengo 1026
e por eso vengo
a vós, fermosura:
quered, por mesura,
oy darme posada.»

Díxome la moça: 1027
«Pariente, mi choça,
el que en ella posa
conmigo desposa[506]
o dam grand soldada.»

Yo·l dixe: «De grado, 1028
mas yo só cassado
aquí en Ferreros;[507]
mas de mis dineros
darvos he, amada.»

Diz: «Trota conmigo.» 1029
Levóme consigo
e diom buena lunbre,
como es de constunbre
de sierra nevada.

Diom' pan de çenteno, 1030
tiznado, moreno,
e diom vino malo,

---

[505] *te engorres*: te detengas.

[506] *desposa*: se casa.

[507] *Ferreros*: población desaparecida próxima a la actual Otero de Herreros (Segovia).

agrillo e ralo,[508]
e carne salada.

Diom queso de cabras: 1031
«Fidalgo», diz, «abras
ese blaço e toma
un canto de soma,[509]
que tengo guardada.»

Diz: «Huésped, almuerça, 1032
e beve e esfuerça,
caliéntate e paga:
de mal no·s te faga
fasta la tornada.[510]

»Quien dones me diere 1033
quales yo pediere,
avrá bien de çena
e lechiga[511] buena
que no·l coste nada.»

«Vós, que eso dezides, 1034
¿por qué non pedides
la cosa çertera?»
Ella diz: «¡Maguera![512]
¿E sí·m será dada?

»Pues dam una çinta 1035
bermeja, bien tinta,[513]

---

[508] *ralo*: flojo, quizás aguado.
[509] *un canto de soma*: un trozo de pan de salvado.
[510] *de mal... tornada*: que no te pase nada malo / hasta la vuelta.
[511] *lechiga*: cama.
[512] *¡Maguera!*: ¡Ojalá!
[513] *tinta*: teñida.

e buena camisa
fecha a mi guisa,
con su collarada.[514]

»E dam buenas sartas 1036
de estaño e fartas,
e dame halía[515]
de buena valía,
pelleja delgada.

»E dam buena toca 1037
listada de cota,[516]
e dame çapatas
de cuello bien altas,
de pieça labrada.

»Con aquestas joyas, 1038
quiero que lo oyas,
serás bien venido:
serás mi marido
e yo tu velada.»

»Serrana señora, 1039
tanto algo agora
non trax por ventura;
faré fiadura
para la tornada.»

Díxome la heda:[517] 1040
«Do non ay moneda,

---

[514] *collarada*: cuello, gorguera.
[515] *halía*: joya femenina.
[516] *listada de cota*: ¿de lujo?
[517] *heda*: fea.

non ay merchandía,
ni ay tan buen día
nin cara pagada.

»Non ay mercadero 1041
bueno sin dinero,
e yo non me pago
del que no·m da algo
ni·l' dó la posada.

»Nunca de omenaje[518] 1042
pagan ostalaje;
por dineros faze
omne quanto·l plaze:
cosa es provada.»

Pero López de Ayala: Rimado de palacio

54
Los fechos de Palaçio

Las cortes de los reyes ¿quién las podría pensar?[519] 424
¡quánto mal e trabajo el omne ha de pasar!:
perigros en el cuerpo e el alma condenar,
los bienes e el algo,[520] sienpre lo aventurar.

Si mill años los sirvo e un día fallesco 425
dizen que muchos males e penas les meresco;

---

[518] *de omenaje*: con promesas.
[519] *pensar*: imaginar.
[520] *el algo*: el servicio.

si por ellos en cuitas e cuidados padesco,
dizen que commo neçio, por mi culpa peresco.

Si por ir a mi casa, liçençia les demando, 426
después, a la tornada, nin sé cómo nin quándo,
fallo mundo rebuelto, trastornado mi vando,
e más frío que nieve, en su palaçio ando.

Fallo porteros nuevos, que nunca conosçí, 427
que todo el palaçio quieren tener por sí;
si llego a la puerta, dizen: «¿Quién está ý?»
«Señores –digo– yo, que en mal día nasçí».

«Grant tienpo ha que cuidava esta corte saber; 428
»agora me pareçe que non sé qué fazer:
»querría, si pudiese, al rey fablar e veer».
Dizen: "Estad allá, ca ya non puede ser.

«Está el rey en consejo sobre fechos granados,[521] 429
»e non están con él, si non dos o tres privados;
»e a todos mandó que non fuesen osados
»de llegar a la puerta, aunque sean onrados.»

«Señor –le digo yo–, de ver al rey non curo;[522] 430
»mas acojedme allá, siquiera en eso escuro,
»e de mí vos prometo, e por mi fe vos juro,
»de vos dar un tabardo; desto vos aseguro».

Dize el portero: «Amigo, non podedes entrar; 431
»ca el rey mandó agora, a todos de aquí echar:
»esperad allá un poco; podredes después tornar;

---

[521] *granados*: importantes.
[522] *de ver al rey non curo*: no intento ver al rey.

»allá están otros muchos con quien podedes fablar».

«Señor –le digo yo–, allá están más de çiento; 432
»desde aquí oyo yo el su departimiento;[523]
»pues non só yo agora, de tan astroso tiento[524]
»que allá non esté tan quedo que non me sienta el viento».

«Tiradvos[525] –dize el portero–, luego en ora tal; 433
»pareçe que avedes sabor de oír mucho mal:
»¡yo nunca vi tal omne e tan descomunal!,[526]
»o vos yo tiraré dende, si Dios me val'».

«Señor –le digo yo–, siquier' esta vegada[527] 434
»me acojed allá e id a mi posada,
»e darvos he una hopa,[528] que tengo enpeñada».
Diz': «Entrad pues muy quedo[529] e non fabledes nada».

Entro dentro apretado e asiéntome muy quedo; 435
que calle e non fable, me faze con el dedo.
«¿Quién sodes[530]–me diz' otro–, que entrastes ý tan çedo?[531]
»Señor –le digo–, un omne, que vengo de Toledo».

«Salid fuera –diz'– luego, aquí non estaredes». 436
Trávame luego del braço; yo apégome a las paredes.
Viene luego el otro, dize: «Vos fincaredes;[532]

---

[523] *departimiento*: conversación.
[524] *de tan astroso tiento*: de tan vil trato.
[525] *Tiradvos*: retiraos.
[526] *descomunal*: fuera de lo común.
[527] *siquier' esta vegada*: al menos por esta vez.
[528] *hopa*: túnica cerrada.
[529] *muy quedo*: muy callado.
[530] *sodes*: sois.
[531] *tan çedo*: tan pronto.
[532] *Vos fincaredes*: vos os quedaréis.

»mas lo que me mandastes, luego cras[533] lo daredes».

«Sí, señores –digo luego–, yo lo daré de grado; 437
»todo lo que oviere e más de lo mandado».
Con esta pleitesía, finco asosegado,
e estó entre los otros como omne asonbrado.[534]

Levántase el consejo e veo al rey estar; 438
vó luego espantado por lo querer fablar;
el buelve las espaldas e manda luego llamar
que vengan reposteros, que quiere ir çenar.

Yo estó en mí comidiendo: «Mesquino, ¿qué faré? 439
»muy grant vergüença tengo, non sé si lo fablaré,
»o por ventura cras mejor ge lo diré».
Desputando comigo, nunca buen tiento he.[535]

Pero allego a él así como a morir. 440
«Señor –digo–, merçed, queredme agora oír:
»yo só vuestro vasallo e mandásteme venir
»aquí a vuestra guerra e agora mandásteme ir.»

«De sueldo de tres meses, non puedo ser pagado; 441
»de la tierra de antaño, dos terçios no he cobrado;
»he perdido mis bestias, mis armas enpeñado;
»ha dos meses que yago doliente, muy lazrado".

Respóndeme un privado: «Los contadores an carga[536] 442
»de librar los tales fechos, qu'el rey nunca se enbarga".[537]

---

[533] *luego cras*: pronto mañana.
[534] *asombrado*: temeroso.
[535] *nunca buen tiento he*: nunca estoy seguro.
[536] *an carga*: tienen la obligación.
[537] *se enbarga*: se ocupa.

Desque veo mi fecho, que va así a la larga,
levántome muy triste, con boca muy amarga.

Viene luego el portero, quexoso a más andar:[538] 443
»Amigo, ¿avedes librado?, ca vos vi agora fablar
»con el rey e por tanto vos vengo a acordar
»que me dedes lo mandado: dar lo hedes en buen logar».[539]

Dígole: «Señor, non sé en qué está la mi fazienda; 444
»de todo quanto perdí, non puedo aver emienda;
»pero aquí moraré, esperando que entienda
»él cómo le serví, aunque non tengo qué espienda».[540]

Dize el portero: «Amigo, fulano es muy privado; 445
»esperaldo a la salida, de vos sea conpañado;
»id con él a su posada, e dezilde que de grado,
»le daredes alguna cosa, que seades ayudado.

»Non vos duela aosadas[541] prometer a grant medida; 446
»ca del agua que se vierte, la media non es cogida,
»e si por él librardes, non fue en balde la venida».
«Señor –digo–, graçias muchas: consejádesme la vida".

Espero a don fulano; con él vó a su posada; 447
fasta que descavalga, yo nunca le digo nada;
otro día[542] allí vengo con muy fría madrugada;
sus moços me dizen luego: «La mula tiene ensellada.

»El rey ha enbiado por él quatro mensajeros, 448

---

[538] *a más andar*: a toda prisa.
[539] *dar lo hedes en buen logar*: debéis darlo en buen (¿secreto?) lugar.
[540] *non tengo qué espienda*: no tengo qué gastar.
[541] *aosadas*: con osadía.
[542] *otro día*: al día siguiente.

»que se vaya a palaçio, ca allá están los cavalleros».
Vó con él asaz cuitado;[543] ca non tengo dos dineros
que yo coma aquel día, nin otros mis compañeros.

Atiéndole[544] todo el día pintando por las paredes;[545] 449
en mi cabo apartado, qual estó, vos lo entendedes;
vienen a mí los porteros, dízenme: «Convien' que dedes
»lo que nos avés mandado,[546] o aquí non estaredes».

«Señores –digo–, çierto, si Dios me ayuda a librar; 450
»non partiré desta villa sin pagados vos dexar;
»guardo[547] a don fulano, que vos me fuestes mostrar;
»mas aun con las sus priesas non me quiere escuchar».

Don fulano del consejo, sale bien a mediodía; 451
yo luego só con él, aguardándole toda vía,
e yendo por la carrera, dígole: «Señor, querría
»que fuese vuestra merçed de aver la carga mía».

Cátame muy espantoso e dize: «Andar, andar, 452
»en la posada podredes comigo mejor fablar».
Dízenme sus escuderos: «Non le fagades ensañar».
Yo finco muy espantado e comiénçome a mesar.[548]

Pero nunca lo desanparo;[549] sienpre lo vó aguardando; 453
desque só en su posada, dígole yo: «Señor, quando

[543] *asaz cuitado*: bastante preocupado.

[544] *Atiéndole*: le espero.

[545] *todo el día pintando por las paredes*: gastando el tiempo absurdamente; la frase resulta muy expresiva.

[546] *mandado*: prometido.

[547] *guardo*: aguardo.

[548] *a mesar*: a mesarme (la barba).

[549] *desanparo*: abandono.

»vos mostraré mi fecho, que tomásedes mi vando,[550]
»e de lo que aver devo, fuésedes vos trabajando.

»A mí deven contadores, de dineros grant quantía; 454
»non puedo cobrar dinero fasta oy en este día;
»señor, cobradlos vos, e por vuestra cortesía,
»dadme lo que quisierdes, por que me vaya mi vía».

Luego me faz' buena cara e dize: «Tornad a mí 455
»quando non esté ninguno, que ya bien vos entendí,
»e sed çierto que faré en todo, yo por vos ý,
»quanto yo más pudiere, sin perder maravedí».

Fabla con los contadores, diz'les: «Non me vino emiente[551] 456
»oy quando conbusco estava, de fecho de un pariente:
»ruégovos que lo libredes, ca está muy mal doliente;
»morrá aquí el cuitado si le creçe un açidente».[552]

Llámalos luego aparte, e dizeles: «Él fabló 457
»comigo todo su fecho, e algo me prometió:
»libratle como quisierdes, que entre vosotros e yo
»bien sé que nos avernemos»,[553] e luego los enbió.

Llámame e dize: «Amigo, en vuestro fecho he fablado 458
»con aquestos contadores, e me han asegurado
»de vos librar aquí luego e que seades pagado
»en muy buenos ponimientos, lo que oviérdes alcançado.

«Vos a ellos aguardat; id vos a su posada, 459
»e farán vuestra cuenta, que non vos finque nada;

---

[550] *mi vando*: mi asunto.
[551] *non me vino emiente*: no me acordé.
[552] *si le creçe un açidente*: si le ocurre un accidente.
[553] *nos avernemos*: nos avendremos, nos pondremos de acuerdo.

»pero un ruego vos fago, que es cosa aguisada:
»que yo quite vuestra mula, que aquí tenedes enpeñada».

La mi mula valía dos mill de buena moneda; 460
estava por quatroçientos, ella e un jaque[554] de seda;
quítalo don fulano, e la mula con él queda:
así fizo el mi jaque e comigo la maseda.[555]

«Señor –dixe–, con graçia de vos me quiero despedir; 461
»sienpre tengo de ser vuestro, en quanto ovier' de bevir;
»si non fuera vuestro acorro,[556] aquí oviera de morir;
»en los días de mi vida, a otro non cuido servir».

Respóndeme don fulano: «Amigo, çierto seredes 462
»que en todo lo que vos cunple, en mí, amigo ternedes;
»por la prueva deste fecho, bien cuido que lo veredes:
»id vos a vuestra tierra, que ya tienpo lo avedes».

De aquel día adelante, aguardo los contadores; 463
mas aún no son partidos de mí todos los dolores;
a menudo son comigo çeçiones e tremores;[557]
ca me dizen que mi cuenta está en los libros mayores.

Dizen: «En Valladolid, creo que avemos dexado 464
»todos los nuestros libros:[558] non podédes aver recabdo
»fasta que allá enbiemos; vos estat sosegado;
»quanto lleguen nuestras cartas, luego seredes librado».

---

[554] *jaque*: chaqueta.

[555] *maseda*: disgusto.

[556] *acorro*: socorro.

[557] *çeçiones e tremores*: fiebres y temblores.

[558] Ayala parece recordar aquí con notable ironía que Enrique II había fundado en Valladolid una Audiencia para centralizar los papeles del reino de Castilla.

«Señores –digo–, non tengo ya qué pueda espender: 465
»dos días ha e más, que mis omnes sin comer
»pasan las malas noches, que non podemos aver
»solamente una çena para nos mantener.

»Por amor de Dios, señores, datme lo que vos pagardes;[559] 466
»enbiadme desta corte e más non me detengades,
e tomad vos de lo mío el terçio, e non querades
»que así muera por mal cabo; ca peresco, bien creades».

"Faremos –dizen– cuenta que sodes buen escudero, 467
»e librarvos hemos luego en Johan Núñez thesorero;
»ca sed çierto que bien deve al rey este dinero;
»es omne bueno e llano, non vos será refertero.[560]

»O en Aben Verga podedes, si quisierdes, ser librado, 468
o en Aben Caçi, aosadas, arrendador del obispado,[561]
»o en diezmos de la mar, que es dinero bien contado:
»escojed do vos quisierdes, luego seredes pagado.

»Por çierto vos libraremos muy bien e sin engaño, 469
»e queremos vos librar bien así de cada año;
»guardaremos vuestra cuenta, que non resçibades daño,
»e agora de vos queremos, de Ypre[562] tomar un paño».

Danme los ponimientos[563] e vóme a Estremadura; 470
allí fallé a Johan Nuñez; presentel' mi escriptura;

---

[559] *lo que vos pagardes*: lo que os plazca.
[560] *refertero*: litigador.
[561] Hay ironía evidente en poner el nombre de un judío como arrendador de las rentas del obispado.
[562] *Ypre*: ciudad flamenca donde se fabricaban paños.
[563] *ponimientos*: libranzas de los pagos.

diz': «Amigo, ¿qué fue esto?; venides con grant locura;
»¿quién fue el que vos libró? ¡qué dolor e qué tristura!

»Yo alcanço a contadores bien dozientas e sesęnta; 471
»si dizen que así non es, pósense luego a cuenta;
»bien sé que non fallesçen destos que digo, çinquenta,
»e andan en devaneo por me poner en afruenta».

«Yo demando testimonio luego por un escrivano; 472
él dize que me lo den pie a pie, mano a mano;
ca desta debda atal, él está seguro e sano,[564]
e que quise trabajar e venir a él en vano.»

Vóme para la posada; yo non sé qué me fazer; 473
viene a mí un judío e dize: «¿querés aver
»recabdo destos dineros?: vos avredes de poner
»ende algo de lo vuestro e non vos deve doler».

Véome desanparado, que daría quanto he; 474
«Señor –digo–, tomad; ca vos juro en buena fe
»que si el algo me diere, esta cuenta tal faré
»que me lo da de lo suyo, e así lo gradesçeré».

El que en la corte anda así pasa, mal pecado: 475
si a uno va bien, un millar pasa penado;
quien de allí lieva dinero, asaz lo ha lazrado:
esto digo porque el mundo así está mal ordenado.

Suma de las razones:[565] su pena tiene cresçida 476
quien en la corte del rey ha de andar a buscar vida;
non sé en este mundo qué cosa omne pida,
en que non aya dolor e cuita asaz conplida.

---

[564] *sano*: libre.
[565] *Suma de las razones*: en resumen.

Sem Tob: Proverbios morales[566]

55
Acaba el prólogo y comiença el tratado

Pues trabajo me mengua
donde pueda aver[567]
pro, diré de mi lengua
algo de mi saber.
Si non es lo que quiero,
quiera yo lo que es;[568]
si pesar he primero,
plazer avré después.
Ca, pues aquella rueda
del çielo[569] una ora
jamás non está queda,
peora e mejora;
aún aqueste laso[570]
renovará esprito,
este pandero manso[571]
aún el su retinto

---

[566] Sem Tob de Carrión es una de las figuras más interesantes del siglo XIV castellano. Parece que participó como consejero en la corte de Alfonso XI y luego cayó en desgracia. Es autor de una obra moral extensa en hebreo y en castellano, su postura es buena muestra de la dificil convivencia de dos culturas antes de las persecuciones de finales de siglo.

[567] *Pues... aver*: parece referirse a que se ha quedado sin el trabajo que le daba provecho, quizá como consejero en la corte.

[568] *quiera yo lo que es*: juego de palabras para indicar que si las cosas no son como a él le gustarían, al menos que gusten como son.

[569] *Ca... çielo*: referencia a la rueda de la fortuna, tópico muy utilizado luego en el siglo XV.

[570] *laso*: fatigado.

[571] *este pandero manso*: metáfora para referirse a sí mismo.

sonará, y verná día
que avrá su libra tal
presçio commo solía
valer el su quintal.[572]
Cuidé que en el callar
abría mejoría,
aborreçí el fablar,
y fallé peoría.
Que non so para menos
que otros de mi ley[573]
que ovieron mucho buenos
donadios[574] del Rey.
Mas, verguença afuera,
me tiró y apró[575]
si no tanto, no fuera
sin honra y sin pro.[576]
Si mi razón es buena,
non sea despreçiada
porque de honbre suena
rahez,[577] que mucha espada
de fino azero sano
sabe de rota vaina
salir, e del gusano
se faze la seda fina.

---

[572] *y verná... quintal*: confía en que vendrán para él días mejores (y una libra suya valdrá como un quintal, que pesa cien veces más).

[573] *Que non... ley*: no valgo menos que otros de mi religión.

[574] *donadios*: donaciones.

[575] *apró*: retiró.

[576] *sin honra y sin pro*: dejando a un lado la vergüenza, se decide a actuar como mal menor.

[577] *rahez*: vil.

E astroso garrote
faze muy çiertos trechos,[578]
e algunt roto pellote[579]
descubre blancos pechos.
E muy sotil trotero
aduze buenas nuevas,
y algunt vil bozero
presenta çiertas pruevas.
Por nasçer en espino
la rosa, yo no siento
que pierde, ni el buen vino
por salir del sarmiento,
nin vale el açor menos
porque en vil nido siga,
ni los enxenplos buenos
por que judío los diga.

---

[578] *E astroso... trechos*: una desvencijada catapulta / logra muy certeros blancos.

[579] *pellote*: prenda de abrigo.

Poesía de Cancionero

Macías

55

Esta cantiga fizo Macías contra el amor; empero algunos trobadores dizen que la fizo contra el rey don Pedro[580]

Amor cruel e brioso,
mal haya la tu alteza,
pues non fazes igualeza[581]
seyendo tal poderoso.

Abaxóme mi ventura,
non por mi merecimiento,
e por ende la ventura
púseme en grant tormento.
Amor, por tu fallimiento
e por la tu grant crueza,
mi coraçón con tristeza
es puesto en pensamiento.

[580] Pedro I pasó a la literatura unas veces como "el Cruel", otras como "el Justiciero", dependiendo de la postura adoptada por los autores en el conflicto sucesorio con su hermano bastardo Enrique II.

[581] *pues non fazes igualeza*: no tratas por igual.

Rey eres sobre los reyes,
coronado emperador,
do te plaze van tus leyes,
todos han de ti pavor;
e pues eres tal señor,
non fazes comunaleza,
si entiendes que es proeza
non soy ende judgador.

So[582] la tu cruel espada
todo home es en homildança,[583]
toda dueña mesurada
en ti deve haver fiança;
con la tu briosa lança
ensalças toda vileza,
e abaxas la nobleza
de quien en ti hobo fiança.

Ves, Amor, por qué lo digo,
sé que eres cruel e forte,
adversario o nemigo,
desamador de tu corte;
al vil echas en tal sorte
que por prez[584] le das alteza;
quien te sirve en gentileza
por galardón le das morte.

---

[582] *So*: bajo.
[583] *todo home es en homildança*: todo hombre está sometido.
[584] *prez*: premio.

56

Esta cantiga fizo el dicho Alfonso Álvarez, por ruego del adelantado Pero Manrique,[585] *cuando andava enamorado d'esta su mujer, fija que es del señor duque de Benavente*

Señora, flor de açucena,
claro visso[586] angelical,
vuestro amor me da grant pena.

Muchas en Estremadura
vos han grant envidia pura,
por cuantas han fermusura
dubdo mucho si fue tal
en su tiempo Policena.[587]

Fízovos Dios delicada,
honesta, bien enseñada;
vuestra color matizada,
más que rossa del rossal,
me tormenta e desordena.

Donaire, graciosso brío
es todo vuestro atavío,
linda flor, deleite mío;
yo vos fui siempre leal
más que fue Paris a Helena.[588]

---

[585] Villasandino, poeta ajuglarado, compuso muchas poesías por encargo. Pero Manrique (1381-1440) casó con doña Leonor, hija del duque de Benavente, a finales de 1407.

[586] *visso*: cara.

[587] *Policena*: en las versiones medievales de la guerra de Troya, Polixena es hija de Píamo y amada de Aquiles.

[588] Sus amores desencadenaron la guerra de Troya.

Vuestra vista deleitosa
más que lirio nin que rossa
me conquista, pues non osa
mi coraçón dezir cuál
es quien assí lo enajena.

Complida de noble asseo,
cuando vuestra imagen veo,
otro plazer non desseo
sinon sofrir bien o mal
andando en vuestra cadena.

Non me basta más mi seso,
plázeme ser vuestro presso;
señora, por ende besso
vuestras manos de cristal,
clara luna en mayo llena.

57

Esta cantiga fizo el dicho Alfonso Álvarez a la dicha cibdat de Sevilla, e fizogela cantar con juglares otra Navidat, e diéronle otras cient doblas

Linda sin comparación,
claridat e luz de España,
plazer e consolación,
briossa cibdat estraña,[589]
el mi coraçón se baña
en ver vuestra maravilla,

[589] *estraña*: extraordinaria, singular.

muy poderosa Sevilla,
guarnida[590] d'alta compaña.

Paraíso terrenal
es el vuestro nombre puro;
sobre cimiento leal[591]
es fundado vuestro muro,
onde bive Amor seguro
que será siempre ensalçado:
si esto me fuer negado,
de maldicientes non curo.

Desque de vos me partí
fasta agora que vos veo,
bien vos juro que non vi
vuestra egual en asseo;
mientra más miro e oteo
vuestras dueñas e donzellas,
resplandor nin luz de estrellas
non es tal, segunt yo creo.

En el mundo non ha par
vuestra lindeza e folgura,
nin se podrían fallar
dueñas de tal fermosura:
donzellas de grant mesura
que en vos fueron criadas,
éstas deven ser loadas
en España de apostura.

---

[590] *guarnida*: provista, enriquecida.
[591] *sobre cimiento leal*: ponderación de su fidelidad a la corona.

Fin

Una cossa que non es,
si en vos fuesse, sería
más guarnido vuestro arnés
de plazer e de alegría;
que la flor de grant valía,
en el mundo ensalçada,
si fiziesse en vos morada,
vuestro par non havería.[592]

Francisco Imperial[593]

58

En un fermoso vergel
vi cuatro dueñas un día
a sombra de un laurel,
cerca una fonte fría;
entre sí muy gran porfía
havían e grant debate,
e muy fuerte combate
fablando con cortesía.

Cada una porfiava
que era más vertuosa,
e raçones allegava

[592] En esta última estrofa parece elogiar a alguna mujer cuyo nombre no quiere declarar.

[593] Originario probablemente de Génova, fue vicealmirante de Castilla. Su principal mérito literario es haber introducido en la poesía castellana la alegoría dantesca.

cómo era más fermosa.
Yo por mirar esta cossa
estendíme[594] en un rosal
muy espesso, desigual,
e de muy oliente rossa.

De un alvo cendal[595]
la una saya traía;
más alva que cristal
toda ella parescía;
e ésta a las otras dezía
muy simple e mesurada:
«Amigas, yo só llamada
Castidat en mancebía.»

La otra de un paño gris
traía una hopalanda[596]
enforrada en paña gris,
de juncos una guirlanda.
Non traía esperavanda,[597]
nin firmalle, a guis de Francia:[598]
«Amigas, yo he por gracia
Homildat en buen andança.»

De un fino xamete prieto[599]
la tercera traía mantón,
e dixo: «Amigas, por cierto,

---

[594] *estendíme*: me escondí.
[595] *alvo cendal*: tela blanca muy fina.
[596] *hopalanda*: abrigo.
[597] *esperavanda*: cinta del sombrero.
[598] *nin firmalle, a guis de Francia*: ni broche a la manera de Francia.
[599] *xamete prieto*: tela de seda negra.

Job, aquel santo varón,
de muy puro coraçón,
perfetamente me amava,
e por nombre me nombrava
Paciencia en tribulación.»

Color de fino çafí[600]
oriental muy preciado
a la cuarta mantón vi
a caves de oro labrado,
e fabló muy mesurado:
«Sepa la vuestra nobleza
que Lealtat en proveza[601]
es el mi nombre llamado.»

Desque assaz[602] debatieron
por se quitar de porfía,
por su juez escogeron
la noble Filossofía.
Yo que en el rosal seía[603]
fui a ellas muy ligero:
«Sea yo el mandadero,[604]
díxeles, si vos plazía.»

Fueron muy maravilladas
cuando me vieron delante,
pero todas concordadas
e con fermoso semblante

[600] *çafí*: zafiro.
[601] *proveza*: pobreza.
[602] *Desque assaz*: después de que bastante.
[603] *seía*: estaba.
[604] *mandadero*: recadero.

dixéronme: «De talante[605]
voz fazemos mandadero,
pero estudiat primero
el vuestro mandado ante.»

Desque hove estudiado
fue buscar Filossofía,
e de discreto ordenado
les fize mandadería.
Ellas con grant alegría
respondieron con asseo:[606]
cuando cualquier d'ellas veo,
júdgola mayor valía.

Ferrán Sánchez Talavera[607]

59

Este dezir fizo e ordenó el dicho Fernand Sanches Talavera por contemplación de una su linda enamorada; en el cual dezir va relatando él su entención a ella e va ella respondiendo a él cada una cosa de lo que le dize; e danse de los escudos el uno al otro como en gasajado de motes[608]

Fui a ver este otro día,
estándome de vagar,[609]

[605] *De talante*: con gusto.

[606] *asseo*: decoro.

[607] Poeta converso de la época de Enrique III y Juan II, fue interlocutor poético del Canciller Ayala en un debate teológico sobre la predestinación.

[608] La palabra *mote,* del francés *mot,* se documenta ya en Berceo en el sentido de "dicho satírico". Al final de la Edad Media ya significa "sentencia breve, lema", y por ello da nombre al poema más breve que existe: de un solo verso. Aquí no tiene estrictamente este significado, sino el de frase proverbial, andamiaje sobre el que se monta todo el poema.

[609] *de vagar*: ocioso.

una señora que amar
en algún tiempo solía;
fabléla en cortesía,
dixe: «Dios vos mantenga»;
ella dixo: «Muy bien benga
el que venir non devía.»

«Véovos estar ufana,
que así vos razonades.»[610]
«A la fe, bien lo creades
que de vuestro mal soy sana.»
«E pues al que bien afana
¿qué galardón le daredes?»
«Id, amigo, que tenedes
la cabeça muy liviana.»

«Otro tiempo vi, señora,
que mejor me rescebistes.»
«Vos mesmo lo merecistes;
andad, idvos en buena hora;
al que siempre fuera mora
non lo quiero por amado.»
«Vuestro fui e soy de grado.»
«Ya non vos cumple agora.»

«Non lo soliedes haver,
mucho vos veo ser flaca.»
«Non curedes de la vaca
que non havedes de comer.»[611]

[610] Notése cómo desde esta intervención del poeta se suprimen tanto la mención de los interlocutores como los verbos de dicción.

[611] *Non curedes... comer*: no te preocupes de lo que no te afecta.

«Sería ledo en vos ver
bien alegre e plazentera.»
«Id, que non soy la primera
que fue loca en vos creer.»

«¿Por qué me dezides esto?»
«Amigo, yo me lo entiendo.»
Alleguéme sonreyendo,
dixo: «Mucho sodedes presto.»
Hóvolo por grand denuesto
porque le llamé perrilla;
diz: «Tornadvos a Sevilla,
amor de agua en cesto.»[612]

«En seguir aquesta rama
parésceme que soy loco.»
«¡Ay amigo!, e no de poco,
amar a quien non vos ama;
farta soy de mala fama.»
«Señora, mas non por mí.»
«¡Ay señor Dios, ansí
arda en fuego vuestra alma!»

---

[612] *amor de agua en cesto*: nueva frase proverbial, ahora para indicar su inconstancia.

Juan Rodríguez del Padrón[613]

60
Canción

Sólo por ver a Macías
e de amor me partir,
yo me querría morir,
con tanto que resurgir[614]
pudiese dende a tres días.

Mas luego que resurgiese,
¿quién me podría tener[615]
que en mi mortaja non fuese,[616]
linda señora, a te ver,
por ver qué planto farías,[617]
señora, o qué reír?
Yo me querría morir,
con tanto que resurgir
pudiese dende a tres días.

---

[613] Sobre él se construyó una leyenda de amores reales a partir de la rúbrica de un poema, recogido en el ms. 3.788 de la BNM, que decía *Respuesta de la reina doña Juana a Juan Rodríguez del Padrón* (y luego en el mismo ms. se precisa que se refiere a la que hizo el poeta *cuando se fue a meter fraire*). También pesó mucho una biografía fabulosa del trovador que se difundió en el siglo XVI. Aparte de sus poesías le debemos la ficción sentimental *Siervo libre de amor* y la traducción de las *Heroídas* de Ovidio.

[614] *con tanto que resurgir*: con tal de resucitar.

[615] *tener*: detener, sujetar.

[616] *que en mi mortaja non fuese*: si no fuese en mi mortaja.

[617] *farías*: harías.

61

Canción[618]

Bive leda, si podrás,[619]
e non penes atendiendo,[620]
que segund peno partiendo
non espero que jamás
te veré nin me verás.

¡Oh dolorosa partida!
¡Triste amador, que pido
licencia, e me despido
de tu vista e de la vida!
El trabajo perderás
en haver de mí más cura,[621]
que según mi gran tristura,
non espero que jamás
te veré nin me verás.

Pues que fustes la primera
de quien yo me cativé,
desde aquí vos do mi fe
vos serés la postrimera.[622]

---

[618] Ésta fue la canción que provocó la respuesta de la reina Juana, pues la rúbrica que la precede en el *Cancionero de Baena* dice: *Esta cántica fizo Juan Rodríguez del Padrón quando se fue a meter fraire a Jerusalén en despedimiento de su señora.* Fue muchas veces citada y glosada.

[619] *Bive leda, si podrás*: vive alegre, si puedes.

[620] *atendiendo*: esperando.

[621] *en haver de mí más cura*: en tener de mí más cuidado, en preocuparte de mí.

[622] *postrimera*: postrera, última.

Íñigo López de Mendoza
Marqués de Santillana

62
Yllana, la serrana de Loçoyuela

Después que nasçí,
non vi tal serrana
como esta mañana.
Allá a la vegüela[623]
a Mata el Espino,[624]
en esse camino
que va a Loçoyuela,[625]
de guisa la vi
que me fizo gana
la fruta tenprana.
Garnacha[626] traýa
de color presada
con broncha[627] dorada
que bien reluzía.
A ella bolví
e dixe: «Serrana,
¿si sois vos Yllana?»
«Sí, soy, cavallero,
si por mí lo havedes,
dezid qué queredes,

[623] *vegüela*: diminutivo de *vega*.

[624] *Mata el Espino*: quizá Mataelpino, localidad situada en el pie sur de la sierra de Guadarrama.

[625] *Loçoyuela*: localidad de la sierra madrileña que pertenecía al marqués.

[626] *Garnacha*: ropa de abrigo.

[627] *broncha*: broche.

fablad verdadero.»
Respondíle assí:
«Yo juro a Sant'Ana
que non soys villana.»

63

Otro soneto qu'el Marqués fizo en loor de la ciudad de Sevilla quando él fue a ella en el año de cincuenta e çinco

Roma en el mundo e vos en España
soys solas[628] çibdades çïertamente,
fermosa Yspalis,[629] sola por fazaña,
corona de Bética exçelente.
Noble por hedifiçios, non me engaña
vana apparençia, mas judgo patente
vuestra grand fama aún non ser tamaña
quan loable soys a quien lo sïente.
En vos concurre venerable clero,
sacras reliquias, sanctas religiones,
el braço militante cavallero,
claras estirpes, diversas nasçiones,
fustas[630] sin cuento; Hércules[631] primero,
Yspán[632] e Julio[633] son vuestros patrones.

---

[628] *solas*: únicas, sin par.

[629] *Yspalis*: Hispalis, antiguo nombre de Sevilla, que sobrevive en el gentilicio *hispalense*.

[630] *fustas*: naves.

[631] *Hércules*: era tenido por fundador de Hispalis.

[632] *Yspán*: sobrino de Hércules, sucedió a su tío en el gobierno.

[633] *Julio*: según una leyenda Julio César había hecho poblar esta ciudad.

64

Villancico[634] *que fizo el Marqués de Santillana a tres fijas suyas*

Por una gentil floresta
de lindas flores e rosas,
vide tres damas fermosas
que d'amores han requesta.[635]
Yo, con voluntad muy presta,
me llegué a conoscellas.
Començó la una dellas
esta canción tan honesta:
Aguardan a mí;
nunca tales guardas vi.
Por mirar su fermosura
destas tres gentiles damas,
yo cobríme con las ramas,
metíme so la verdura.
La otra con gran tristeza
començó de suspirar
e dezir este cantar
con muy honesta mesura:
La niña que los amores ha,
sola ¿cómo dormirá?
Por no les fazer turbança

---

[634] En rigor la composición no es un villancico, es decir, un estribillo con unas mudanzas y un verso de vuelta que rima con el estribillo. Sí puede llamarse *villancico* a cada uno de los cuatro estribillos tradicionales que se citan, atestiguados en numerosas fuentes. Se ha discutido la atribución a Suero de Ribera.

[635] *requesta*: del verbo *requerir*, por tanto, "que iban requiriendo amores", con lo que se explica el significado del verso 36.

no quise ir más adelante
a las que con ordenança
cantavan tan consonante.
La otra con buen semblante
dixo: «Señoras d'estado,
pues las dos avéis cantado,
a mí conviene que cante:
Dexaldo al villano pene:
véngueme Dios d'ele.»
Desque uvieron cantado
estas señoras que digo,
yo salí desconsolado,
como hombre sin abrigo.
Ellas dixeron: «Amigo,
non soys vos el que buscamos,
mas cantad, pues que cantamos.»
Dixe este cantar antiguo:
Sospirando yva la niña
e non por mí,
que yo bien ge lo entendí.

65

Doctrinal de privados del Marqués de Santillana al maestre de Santiago don Álvaro de Luna[636]

I

Vi thesoros ayuntados
por grand daño de su dueño.
Assí commo sonbra o sueño
son nuestros días contados;
e si fueron prorrogados
por sus lágrimas a alguno,
d'éstos ya non veo uno
por nuestros muchos peccados.

II

Abrid, abrid vuestros ojos
gentíos, mirad a mí:
quanto vistes, quanto vi
fantasmas fueron e antojos.
Con trabajos con enojos
usurpé tal señoría,
ca si fue non era mía
mas indevidos despojos.

---

[636] Por "doctrinal de privados" se debe entender un conjunto de doctrinas para validos o privados, una variante de los tradicionales "espejos o regimientos de príncipes". Pero en realidad lo que hace Santillana es vengarse, con este feroz ataque, de su principal enemigo. El subtítulo dice: *fecho a la muerte del Maestre de Sanctiago, don Álvaro de Luna, donde se introduçe el autor, fablando en nonbre del Maestre*. En efecto, el texto impresiona más al ser la voz del propio Maestre, quien se autoinculpa de todos sus excesos.

III

Casa a casa, guay de mí,[637]
e campo a campo allegué.[638]
Cosa ajena non dexé:
tanto quise quanto vi.
Agora pues, ved aquí
quánto valen mis riquezas,
tierras, villas, fortalezas,
tras quien mi tiempo perdí.

IV

¡O fambre de oro raviosa!,
¿quáles son los coraçones
humanos que tú perdones
en esta vida engañosa?
Aunque farta,[639] querellosa
eres en todos estados,
non menos a los passados
que a los presentes dañosa.

V

¿Qué se fizo la moneda
que guardé para mis daños[640]
tantos tienpos, tantos años:
plata, joyas, oro e seda?
Ca de todo no me queda
sinon este cadahalso.

---

[637] *guay de mí*: ay de mí.
[638] *allegué*: reuní.
[639] *farta*: harta.
[640] *daños*: desgracias, necesidades.

Mundo malo, mundo falso,
no es quién contigo pueda.

VI

A Dios non referí[641] grado
de las graçias e merçedes
que me fizo, quantas vedes;
e me sostuvo en estado
mayor e más prosperado,
que nunca jamás se vio
en España nin se oyó
de ningunt otro privado.

VII

Pues vosotros, que corredes
al gusto d'este dulçor,
temed a nuestro señor
si por ventura queredes
fabricar vuestras paredes
sobre buen çimiento aosadas,[642]
e serán vuestras moradas
fuertes, firmes, non dubdedes.

VIII

Guardatvos de mal bevir,
pues canes a noche mala
no ladran, nin es quien vala
si Dios nos quiere punir;[643]

---

641 *referí*: devolví.

642 *aosadas*: por cierto. Pero quizá haya que corregir por *alçadas*, como quiere algún editor.

643 *punir*: castigar.

¿qué nos presta rehuir
o contrastar a su hira?:
si se aluenga, no se tira
ni se puede resestir.

IX

Ca si fue desonestado
o si quise proveer,
bien se me deve creer;
mas contrastar lo fadado
o forçar lo qu'es forçado
a Dios sólo perteneze:
pues quien no gloria mereçe,
pase por lo destinado.

X

D'este fabor cortesano
lo que nunca sope sé.
Non advertí nin pensé
quánto es caduco e vano:
así que de llano en llano,
sin algunt temor e miedo,
quando me dieron el dedo,
abarqué toda la mano.

XI

Mal jugar faze quien juega
con quien siente, maguer[644] calle.
¿De lo que fizo en la calle
quién es el que se desniega?
Ambiçión es cosa çiega

---

[644] *maguer*: aunque.

e resçibo dissoluto:
poder e mando absoluto
fi de madre es quien lo niega. [...]

XXXIX

Fasta aquí vos he contado
las causas que me han traýdo
en tan estrecho partido
qual vedes que soy llegado.
Agora, pues es forçado
de fazer nueva carrera,
mudaremos la manera
del proçesso proçessado.

XL

Ca sy de los curiales
yerros[645] tanto me reprehendo,
¿qué faré, si bien lo entiendo,
de mis pecados mortales?,
que fueron tantos e tales
que, sin más detenimiento,
non dubdo mi perdimiento,
Señor, si tú non me vales.

XLI *Confesión*

Pues yo, pecador errado
más que los más pecadores,
mis delictos, mis errores,
mis graves culpas, culpado
confiesso muy inclinado
a ti, Dios, Eterno Padre,

[645] *curiales yerros*: errores de gobierno.

e a la tu Bendita Madre,
e después, de grado en grado,

XLII

a todos los çelestiales
por horden de Theología:
a la sacra gerarchía
e choros angelicales,
en espeçie e generales,
los ynojos inclinados,
vos confiesso mis pecados,
mortales e veniales.

XLIII

E a los que las humanales
vestiduras resçebistes
e velando mereçistes
las sessiones eternales,
mis obras torpes e males
confiesso, triste gimiendo,
e, los mis pechos firiendo,
diré quántas son e quáles.

XLIV

De los tus Diez Mandamientos,
Señor, non guardé alguno;[646]
ya limosnas nin ayuno,
quaresmas nin avientos,[647]

[646] *non guardé alguno*: no guardé ninguno (para negar hoy repetimos la negación).

[647] *avientos*: advientos. En el calendario litúrgico, las semanas previas a la Navidad.

nin de tales documentos
puestos so cristiano yugo,
non los fize nin me plugo,
mas todos tus vedamientos.[648]

XLV

A qualquiera pecador,
o que más o menos yerra,
un pecado le da guerra
o se le faze mayor.
A mí quál sea menor
de los siete[649] non lo sé,
porque de todos pequé
egualmente sin temor.

XLVI

Non ministro de justiçia
eres Tú, Dios, solamente,
mas perdonador potente
del mundo por amiçiçia.
Mi sobervia, mi cobdiçia,
yra e gula non te niego,
pereza, lasçivo fuego,
invidia e toda maliçia. [...]

[648] *vedamientos*: prohibiciones.

[649] *de los siete*: se refiere a los siete pecados mortales, enumerados en la copla siguiente.

66

Dedicatoria e introducción

Al muy prepotente[650] don Juan el segundo,[651] 1
aquel con quien Júpiter tovo tal zelo
que tanta de parte le fizo del mundo
quanta a sí mesmo se faze del çielo,
al grant rey de España, al Çésar novelo;[652]
al que con Fortuna es bien fortunado,
aquel en quien cabe virtud e reinado,
a él, la rodilla fincada por suelo.[653]

Tus casos falaçes, Fortuna, cantamos, 2
estados de gentes que giras e trocas,
tus grandes discordias, tus firmezas pocas,
e los que en tu rueda quexosos fallamos;
fasta que al tiempo de agora vengamos
de fechos pasados cobdiçia mi pluma
e de presentes fazer breve suma:
dé fin Apolo, pues nos començamos.

---

[650] *prepotente*: muy potente. Es latinismo.

[651] Mena dedica su composición a Juan II, al que sirvió como secretario de cartas latinas. La utilización del verso dodecasílabo, el llamado verso de *arte mayor* castellano, con esquema de rimas ABBAACCA (salvo en la primera copla), en este ambicioso poema fijó el molde estrófico para los poemas narrativos. Su ritmo dactílico –con un esquema de sílabas tónica, átona y átona– exige acentos en las sílabas 2.ª, 5.ª, 8.ª y 11.ª.

[652] *novelo*: nuevo.

[653] Nótese que en toda la dedicatoria –la estrofa entera– falta el verbo principal. Es, por tanto, una frase nominal, excepcionalmente larga y retórica.

67

Las tres ruedas de la Fortuna

Bolviendo los ojos a do me mandava, 56
vi más adentro muy grandes tres ruedas:
las dos eran firmes, inmotas e quedas,[654]
mas la de en medio boltar non çesava;
e vi que debaxo de todas estava,
caída por tierra, gente infinita,
que avía en la fruente cada qual escripta
el nombre e la suerte por donde pasava,

aunque la una que non se movía, 57
la gente que en ella avía de ser
e la que debaxo esperava caer
con túrbido[655] velo su mote[656] cobría;
yo, que de aquesto muy poco sentía,
fiz de mi dubda complida palabra
a mi guiadora, rogando que abra
esta figura que non entendía.

La qual me respuso: «Saber te conviene 58
que de tres hedades que quiero dezir,
pasadas, presentes e de por venir,
ocupa su rueda cada qual e tiene;
las dos que son quedas, la una contiene
la gente pasada, e la otra futura;
la que se buelve en el medio procura[657]
la que en el siglo presente detiene.

---

[654] *inmotas e quedas*: inmóviles y paradas (aquí son sinónimos).
[655] *túrbido*: oscuro.
[656] *mote*: rostro.
[657] *procura*: guía.

»Así que conosçe tú que la terçera 59
contiene las formas e las simulacras[658]
de muchas personas profanas e sacras
de gente que al mundo será venidera;
por ende cubierta de tal velo era
su faz, aunque formas tú vieses de hombres,
porque sus vidas aún nin sus nombres
saberse por seso mortal non podiera.

»El humano seso se çiega e oprime 60
en las baxas artes que le da Minerva:[659]
pues vey qué faría en las que reserva
aquél que los fuegos corruscos[660] esgrime;[661]
por eso ninguno nin piense ni estime,
prestigïando poder ser çiente
de lo conçebido en la devina mente,
por mucho que en ello trasçenda nin rime.[662]

68

Batalla de la Higueruela[663]

Con dos quarantenas e más de millares 148
le vimos de gentes armadas a punto,

---

[658] *las formas e las simulacras*: las formas y las figuras (son aquí sinónimos).

[659] *Minerva*: diosa de la sabiduría, protectora de las artes liberales, que aquí son *baxas* en relación con el conocimiento divino.

[660] *corruscos*: resplandecientes.

[661] Referencia a Júpiter, que lanza rayos luminosos.

[662] El sentido general de la estrofa es que el entendimiento humano consigue acercarse a las formas del saber terreno y le es imposible acceder a la sabiduría divina.

[663] En la batalla de la sierra de Elvira o de la Higueruela (1431) Juan II logró una gran victoria sobre el rey de Granada.

sin otro más pueblo inerme allí junto,
entrar por la vega talando olivares,
tomando castillos, ganando lugares,
faziendo por miedo de tanta mesnada
con toda su tierra temblar a Granada,
temblar las arenas fondón de los mares.

Mucha morisma vi descabeçada 149
que, más que reclusa detrás de su muro,
nin que gozase de tiempo seguro,
quiso la muerte por saña de espada;[664]
e mucha más otra, por pieças tajada,
quiere su muerte tomarla más tarde:
fuyendo non fuye la muerte covarde
que más a los viles es siempre llegada.

Como en Seçilia resuena Tifeo, 150
o las ferrerías de los milaneses,
o como gridavan los sus entremeses
las saçerdotisas del templo lieo,[665]
tal vi la buelta de aqueste torneo:
en tantas de bozes prorompe la gente
que non entendía sinon solamente
el nombre del fijo del buen Zebedeo.[666]

Vi más la sombra de aquella figuera[667] 151
donde a desora se vido criado

---

[664] Vi a muchos moros con la cabeza cortada que preferían morir por la espada que estar recluidos tras la muralla.

[665] Referencia a los rugidos del Etna en Sicilia, las armerías de Milán o las sacerdotisas de Baco (*Lyaeus* es un apelativo de Baco).

[666] El hijo del Zebedeo es Santiago, patrón de España.

[667] *figuera*: al parecer la batalla se produjo en la vega de Granada, junto a una higuera, de donde le viene el nombre.

de muertos en pieças un nuevo collado,[668]
tan grande que sobra razón su manera;
e como en arena de momia se espera,
súbito viento levanta grant cumbre,
así del otero de tal muchedumbre
se espanta quien ante ninguno non viera.

¡O virtüosa, magnífica guerra! 152
en ti las querellas bolverse devían,
en ti do los nuestros muriendo bivían
por gloria en los çielos e fama en la tierra,
en ti do la lança cruel nunca yerra
nin teme la sangre verter de parientes:
revoca concordes a ti nuestras gentes
de tantas quistiones e tanta desferra.[669]

Non convenía por obra tan luenga 153
fazer esta guerra, mas ser ella fecha,
aunque quien viene a la vía derecha
non viene tarde, por tarde que venga;
pues non se dilate ya más nin detenga:
ayan embidia de nuestra victoria
los reinos vezinos, e non tomen gloria[670]
de nuestra discordia mayor que convenga.

---

[668] *de muertos en pieças un nuevo collado*: referencia a los montones de cuerpos muertos.

[669] *desferra*: discordia. Frente a las guerras civiles que desangraron el país en otro tiempo, Mena hace aquí apología de la Reconquista.

[670] *tomen gloria*: se alegren.

69

Canción

Oiga tu merced y crea,
¡ay de quien nunca te vido!,[671]
hombre que tu gesto vea,
nunca puede ser perdido.

Ya la tu sola virtud,
fermosura sin medida,
es mi todo bien y vida
con esfuerço de salud;
quien tu vista ver dessea,
fablará no enfengido:
hombre que tu gesto vea,
nunca puede ser perdido.

Pues tu vista me salvó,
cesse tu saña tan fuerte;
pues que, señora, de muerte
tu figura me libró,
bien dirá cualquier que sea,
sin temor de ser vencido:
hombre que tu gesto vea,
nunca puede ser perdido.[672]

---

[671] *vido*: vio.

[672] La canción fue interpretada a finales del siglo XV unas veces como profana (Mena no escribió poesía religiosa) y otras como religiosa, ya que el lenguaje utilizado para dirigirse a la Virgen no tenía por qué diferenciarse del usado en la poesía amatoria profana.

70
Coplas de las calidades de las donas

Quien bien amando persigue
dona, a sí mesmo destruye,
que siguen a quien las fuye
e fuyen de quien las sigue.
Non quieren por ser queridas
nin galardonan servicios,
mas todas desconocidas,
por sola tema[673] regidas,
reparten sus benefiçios.

Donde apeteçen los ojos,
sin otro conoscimiento,
allí va el consentimiento
acompañado de antojos.
Y non es más su bondad
que vana parencería:[674]
a quien non han voluntad
muestran que por honestad
contrastan a su porfía.

De natura de lobas son
ciertamente en escoger,
de anguillas en retener,
en contrastar, de erisón.[675]

---

[673] *tema*: manía.

[674] *parencería*: apariencia.

[675] *De natura... erisón*: escogen como las lobas, es decir, al más feo; como las anguilas, emplean todos los medios posibles para retenerlo; y como el erizo, con púas le hacen frente.

No estiman virtud ni alteza,
seso, bondad nin saber,
mas catan[676] avinenteza,[677]
talle de obrar e franqueza
do puedan bienes aver.

Tened aqueste concepto,
amadores, yo's suplico:
con quien riñen en publico
fazen la paz en secreto.
Disimulan 'l entender,
denuestan lo que desean,
fingen de enojo, plazer,
lo que quieren, no querer,
y dubdar quando más crean.

Por no ser poco estimadas
de quien mucho las estima,
faziendo de honestad rima,
fingen de mucho guardadas.
Mas con quien las trata en son
de sentir lo que mereşçen
sin detener galardón,
la persona y el coraçón
abandonan y ofreçen.

Muchas, por no descobrir
algunas faltas secretas,
a las personas discretas
no dexan al fin venir.

---

676 *catan*: miran.
677 *avinenteza*: ocasión, oportunidad.

Bien les demuestran amar
y que bondad las detiene,
mas con aquello tratar
han sus engaños lugar
lo que en secreto contiene.

Son todas, naturalmente,
malignas e sospechosas,
non secretas e mintrosas,
e movibles, ciertamente.
Vuelven como foja al viento,
ponen 'l absente[678] en olvido,
quieren comportar[679] a çiento,
así que el más contento
es cerca de aborresçido.

Si las queréis emendar,
las avéis por enemigas,
e son muy grandes amigas
de quien las quier lisonjar.
Por gana de ser loadas
qualquier alabança cogen,
van a las cosas vedadas,
desdeñan las sojuzgadas[680]
e las peores escogen.

Sintiendo que son subjectas
e sin nengún poderío,
a fin de aver señorío,

---

[678] *absente*: ausente.
[679] *comportar*: contentar.
[680] *sojuzgadas*: dominadas, obtenidas.

tienen engañosas sectas.
Entienden en afeitar[681]
y en gestos por atraer,
saben mentir sin pensar,
reír sin causa e llorar,
e aun enbaidoras[682] ser.

Provecho e deleite son
el fin de todas sus obras,
en guarda de las çoçobras
suplen temor e ficción.
Si por temor detenida
la maldad dellas no fuesse,
o por ficción escondida,
no sería hombre que vida
con ellas fazer pudiese.

Muger es un animal
que se dize hombre imperfecto,
procreado en el defecto
del buen calor natural.[683]
Aquí se incluyen sus males
e la falta de bien suyo
e, pues les son naturales,
quando se demuestran tales
que son sin culpa concluyo.

Aquesta es la condición

---

[681] *afeitar*: preparar afeites, pintarse, maquillarse.
[682] *enbaidoras*: embaucadoras.
[683] Se recoge aquí una tradición antifeminista sustentada en muchos "sabios" de la antigüedad grecolatina y del mundo medieval.

de las mugeres comuna,[684]
pero virtud las repuna[685]
que les consiente razón.
Así la parte mayor
muchas disponen seguir,
e tanto han meyor loor
quando al defecto mayor
ellas merescen venir.

Conclusión

Entre las otras sois vos,
dama de aquesta mi vida,
del traste[686] común salida,
una en el mundo de dos.
Vos sois la que desfazéis
lo que contienen mis versos;
vos sois la que meresçéis
renombre, e loor cobréis
entre los otros diversos.[687]

---

[684] *comuna*: común (adjetivo, en lugar de *comunal*, seguramente por motivos de rima).

[685] *repuna*: repugna, rechaza.

[686] *traste*: traza, condición.

[687] La composición se convirtió en el centro de la polémica antifeminista y profeminista en el siglo XV, por lo que tuvo larga descendencia; varios poetas dirigieron sus dardos contra Torroella (o Torrellas), algunos le defendieron. Pueden leerse varios de estos poemas en *Poesía femenina en los cancioneros* (ed. M. A. Pérez Priego), Madrid, Castalia-Instituto de la Mujer, 1990, pp. 135-208. El de Montoro que sigue es quizá el más sarcástico.

Antón de Montoro[688]

71

Contra Torrellas porque fizo contra las donas

Yo no sé quién sois, Torrellas,
puesto que vos lo decís,
¿por qué tan crudo ferís
nobles dueñas y doncellas?
Mas vuestro mal argüir
non pone quexo ni miedo,
que vos a mal escrivir
y las damas a dezir,
¿quién ata sano su dedo?

Si vos oviérades madre,
por el más solepne voto,
non fabláredes tan roto
por la dehonor del padre.
Mas algund pastor de sierra,
mientra su ganado pace,
vos dio por madre la tierra
y sacóvos una perra,
segund mandrágola[689] naçe.

---

[688] Era judío converso, de Córdoba, y tenía el oficio de sastre, motivo por el que era apodado el "Ropero". Adquiríió fama en los reinados de Juan II y Enrique IV y llegó a dedicar varias canciones a la reina Isabel. Destaca como poeta satírico y burlesco, géneros en los que era consumado maestro.

[689] *mandrágola*: la mandrágora es una planta de grandes raíces que se retuercen unas con otras y pueden tener apariencia humana.

72
A LA REINA DOÑA ISAVEL

¡Oh, ropero amargo, triste,
que no sientes tu dolor!
Setenta años que naciste,
y en todos siempre dixiste:
«inviolata permansiste»;
y nunca juré al Criador.
Hize el Credo y adorar
ollas de tocino grueso,
torreznos a medio asar,
oír misas y reçar,
santiguar y persinar,
y nunca pude matar
este rastro de confeso.[690]

Los hinojos encorvados
y con muy gran devoción,
en los días señalados,
con gran devoción contados
y reçados
los nudos de la Pasión,
adorando a Dios y Hombre,
por muy alto Señor mío,
por do mi culpa se escombre,[691]
no pude perder el nombre
de viejo puto judío.

---

[690] Su condición de converso, de la que se lamenta aquí, le acarrearía la mayoría de las sátiras.

[691] *escombre*: limpie.

Pues, alta reina sin par,
en cuyo mando consiste,
gran raçón es de loar
y ensalçar
la muy sancta fe de Cristo.
Pues, reina de gran valor,
que la santa fe crecienta,
no quiere Nuestro Señor
con furor,
la muerte del pecador,
mas que biva y se arrepienta.

Pues, reina de gran estado,
hija de angélica madre,
aquel Dios crucificado,
muy abierto su costado
e inclinado,
dixo: «Perdónalos, Padre.»
Pues, reina de auctoridad,
esta muerte sin sosiego
cese ya por tu piedad
y bondad,
hasta allá por Navidad,
cuando save bien el fuego.

Carvajal o Carvajales

73
Villancete

Saliendo de un olivar,
más fermosa que arreada,

vi serrana, que tornar
me fizo de mi jornada.

Tornéme en su compañía
por faldas de una montaña,
suplicando, sil plazía,
de mostrarme su cabaña.
Dixo: «Non podéis librar,[692]
señor, aquesta vegada;
que superfluo es demandar
a quien non suele dar nada.»

Si lealtad non me acordara
de la más linda figura,
del todo me enamorara,
tanta vi su fermosura.
Dixe: «¿Qué queréis mandar,
señora, pues sois casada?
Que vos non quiero enojar,
ni ofender mi enamorada.»

Replicó: «Id en buen hora,
nan curéis de amar villana;
pues servís atal señora,
non troquéis seda por lana;
nin queráis de mí burlar,
pues sabéis só[693] enajenada.»
Vi serrana que tornar
me fizo de mi jornada.

---

[692] *librar*: tener éxito.
[693] *só*: soy.

74

Por la muerte de Jaumot Torres, capitán de los ballesteros del señor rey, que murió en la Cuba sobre Carínola[694]

Las trompas sonavan al punto del día,
en son de agüeros sus bozes mostravan,
las túrbidas[695] nuves el cielo regavan
por cuyo acidente el sol se escondía;
do vi gente de armas que al campo salía
en son de valientes y mucho guerreros,
e vi al capitán de los ballesteros
más lindo que Archiles[696] cuando armas fazía.

Encima de un alto pujante coser,
con armas flagantes ardido, armado,
vestía una jornea[697] de damasco morado,
mostrava de todos, par Dios, señor ser.
¡Oh quién lo viera, pues, armas fazer
allí do ganó la honrada tumba,
por cuyos fechos la fama rebumba,[698]
que faz en los buenos embidia crescer!

Quiso sin tiempo, con seso, ser hombre
el tanto famoso Jaumote nombrado,
del rey don Alfonso querido e criado,
honró su persona su casa e su nombre;

---

[694] Jaumot Torres fue oficial del rey Ferrante de Nápoles y murió combatiendo en 1460. Esta composición es una de las últimas datables del *Cancionero de Estúñiga.*

[695] *túrbidas*: negras.

[696] *Archiles*: Aquiles, es forma frecuente en el siglo XV.

[697] *jornea*: era una prenda que se llevaba sobre las armas.

[698] *rebumba*: retumba, hace eco.

dexó en los siglos por siempre renombre,
pugnó con la muerte su mucha virtud:
muriendo ganó la eterna salud;
por ende a ninguno tal muerte no asombre.

Pesar non me dexa mi lengua estender,
por ser vencedor del tu combatido,
con armas vencidas del vinto, ferido,
faziéndole cara y espaldas bolver.
Fortuna non puede nin dar nin toller[699]
que el fijo de aquella troyana Hecuba,[700]
mejor con los griegos que tú en la Cuba,
podiese, moriendo, más honras haver.

Leváronlo a Capua sangriento, finado,
bien acompañado segund merescía
de nobles varones e cavallería
entre los cuales él era estimado.
Traxiéronlo a Nápol en andas honrado,
do vi yo damas de grand preminencia,
llorando muy tristes que dentro en Valencia
non fuera de todas atanto llorado.

E sobre todas más duelo fazía
una fermosa dueña o donzella,
messándose toda con mucha querella,
rasgando su cara que sangre corría;
con bozes turbadas la triste dezía:
«¡Inicua, raviosa e temprana muerte,

---

[699] *toller*: quitar.
[700] *que el fijo... Hecuba*: Héctor fue el hijo de Hécuba.

fartaras tu fambre con mi negra suerte,
o ambos mataras en un mesmo día!»

Fin

¡Oh si murieras en tiempo passado,
do *viris illustris*[701] así memoravan,
en paño de fama allí te fallaran,
con letras de oro tu nombre notado!
¡Delante de muchos tú fueras mirado!
Amigo, al presente tú presta paciencia,
porque a notar tu grand excelencia
el grand Titu Libio se viera empachado.[702]

Danza general de la muerte[703]

75

Dize el Padre Santo:

¡Ay de mí, triste, qué cosa tan fuerte
a yo, que trataba tan grande perlazía,[704]

---

[701] *viris illustris*: referencia a los florilegios de biografías ejemplares titulados a menudo *De viris illustris*.

[702] Era un tópico habitual desde la Antigüedad, en la *laudatio* de un ser querido, declarar lo imposible que resultaba alabar con justicia al homenajeado.

[703] Estas danzas macabras son en parte una consecuencia de la terrible epidemia de la peste negra, que asoló buena parte de Europa durante el siglo XIV. El aspecto democratizante es engañoso, pues los seres humanos sólo son iguales en el momento de morir; las injusticias se castigan únicamente en el más allá, así que en la tierra se consolida un sistema de sociedad tradicional y feudal. Ya señaló Rodríguez Puértolas que es una democracia de ultratumba. Como en las versiones europeas, predominan los personajes religiosos, pero el mudejarismo de la sociedad peninsular se manifiesta con la presencia del rabí, el alfaquí y el santero.

[704] *perlazía*: prelacía, conjunto de prelados.

haber de pasar agora la muerte
e non me valer lo que dar solía!
Benefiçios e honras e gran señoría
tove en el mundo, pensando vivir;
pues de ti, muerte, non puedo fuir,
valme,[705] Jesucristo, e la Virgen María.

Dize la muerte:

Non vos enojedes, señor Padre Santo,
de andar en mi dança que tengo ordenada;
non vos valdrá el bermejo manto:
de lo que fezistes habredes soldada;[706]
non vos aprovecha echar la Cruzada,[707]
proveer de obispados nin dar benefiçios;
aquí moriredes sin ser más bolliçios.[708]
Dançad, imperante, con cara pagada.

Dize el Emperador:

¿Qué cosa es ésta, que atán sin pavor
me lleva a su dança a fuerça sin grado?
Creo que es la muerte, que non ha dolor
de homne que grande es o cuitado.
Non hay ningún rey nin duque esforçado
que della me pueda agora defender;
¡acorredme todos! Mas non puede ser,
que ya tengo della todo el seso turbado.

---

[705] *valme*: válgame.

[706] *soldada*: paga, recompensa.

[707] *echar la Cruzada*: acogerse a la indulgencia papal de los participantes en la Cruzada.

[708] *bolliçios*: bullicios.

Dize la muerte:

Emperador muy grande, en el mundo potente,
non vos cuitedes, ca non es tiempo tal
que librar vos pueda imperio nin gente,
oro nin plata nin otro metal.
Aquí perderedes el vuestro caudal
que atesorastes con gran tiranía
faziendo batallas de noche e de día;
morir non curedes. Venga el cardenal.

Dize el cardenal:

¡Ay, Madre de Dios! Nunca pensé ver
tal dança como ésta a que me fazen ir;
querría, si pudiese, la muerte estorçer: [709]
non sé dónde vaya, comienço a tremer.
Siempre trabajé noctar [710] y escrebir
por dar benefiçios a los mis criados;
agora mis miembros son todos torbados,
que pierdo la vista e non puedo oír.

Dize la muerte:

Reverendo padre, bien vos avisé
que aquí habríades por fuerça a llegar
en esta mi dança, en que vos faré
agora aína un poco sudar.
Pensastes el mundo por vos trastornar
por llegar a Papa e ser soberano,

---

[709]. *estorçer*: evitar.

[710] *noctar*: anotar.

mas non lo seredes aqueste verano.
Vos, rey poderoso, venid a dançar.

Dize el rey:

¡Valía, valía, los mis caballeros!
Yo non quería ir a tan baxa dança;
llegad vos con los ballesteros,
amparadme todos por fuerça de lança.
Mas, ¿qué es aquesto que veo en la balança,
acortarse mi vida e perder los sentidos?
El coraçón se me quexa con grandes gemidos;
¡adiós, mis vasallos, que muerte me trança![711]

Dize la muerte:

Rey fuerte, tirano, que siempre robastes
todo vuestro reino e fenchistes el arca,
de fazer justiçia muy poco curastes,
según es notorio por vuestra comarca.
Venid para mí, que yo só monarca
que prenderé a vos e a otro más alto:
llegad a la dança cortés en un salto.
En pos de vos venga luego el patriarca. [...]

[711] *trança*: destroza.

76

Coplas que llaman de «La Panadera», en la batalla que hobo el rey don Juan el Segundo con los infantes de Aragón y los otros grandes de Castilla, año de 1445, cerca de Olmedo.[712]

Van glosando este mote: «Di, Panadera».[713]

Panadera, soldadera
que vendes pan de barato,
cuéntanos algún rebato[714]
que te aconteçió en la Vera.[715]
Di, Panadera.

Un miércoles que partiera
el prínçipe don Enrique[716]
a buscar algún buen pique
para su espada ropera,[717]
saliera sin otra espera
de Olmedo tan gran compaña
que con muy fermosa maña
al puesto se retrujera.[718]

---

[712] Las *Coplas de la Panadera* deben seguir considerándose anónimas a pesar de los intentos de atribuírselas a Rodrigo Cota, Juan de Mena y al mariscal de Castilla, don Íñigo Ortiz de Estúñiga. En esta dura sátira a los nobles que participaron en la batalla de Olmedo no se defiende a uno de los bandos; todos son criticados a excepción de Juan II y de Álvaro de Luna.

[713] El oficio de panadera tenía mala reputación. Recuérdese la pieza del Arcipreste de Hita que empezaba "Cruz cruzada, panadera..."

[714] *rebato*: suceso repentino.

[715] *la Vera*: comarca extremeña cuya capital es Plasencia.

[716] *don Enrique*: el hijo de Juan II y futuro rey Enrique IV.

[717] *ropera*: se denominaba así a una espada noble.

[718] *se retrujera*: se retirara.

Di, Panadera.
El señor rey, desque viera
cómo el prínçipe venía,
con muy gran malancolía
luego en punto proveyera;
y mandó sacar afuera
el su pendón ensalçado
para pasar luego el vado
con noble gente guerrera.
Di, Panadera.
La de Estúñiga,[719] que era
escuadra bien conveniente,
la metad de la su gente
sabe Dios lo que quixera;
mas como gente granxera,
de su señor natural
con ardimiento leal
acompañó su bandera.
Di, Panadera.
En cátedra de madera
vi al obispo Barrientos[720]
con un dardo sin avientos,[721]
que a predricarles saliera,
e por conclusión pusiera
qu'el que allí fuese a morir
que le faría subir

[719] *La de Estúñiga*: la escuadra de Diego López de Estúñiga, justicia mayor, perteneciente a una de las más importantes familias castellanas.

[720] Lope de Barrientos fue obispo de Ávila y, desde poco antes de la batalla, lo fue de Cuenca.

[721] *sin avientos*: sin puntas.

al çielo sin escalera.
Di, Panadera.
Aforrado en peñavera,[722]
el perlado de Toledo[723]
no se movió un solo dedo
de cabe la talanquera,[724]
diziendo: «Quien se açelera
cuando un tal fecho le viene,
nunca xamás queda tiene
la barba en la çebadera».[725]
Di, Panadera.
Por más seguro escogiera
el obispo de Sigüenza[726]
estar, aunque con vergüenza,
junto con la cobijera,[727]
mas tan gran pavor cogiera
en ver fuir labradores
que a los sus paños menores
fue menester lavandera.
Di, Panadera.
Con una rica çimera[728]

[722] *Aforrado en peñavera*: forrado en piel de marta.

[723] *el perlado de Toledo*: el arzobispo de Toledo era desde 1435 Juan de Luna, hermano del condestable Álvaro de Luna.

[724] *cabe la talanquera*: junto a la barrera.

[725] *çebadera*: saco en que comían la cebada las caballerías. Con esta frase coloquial se indica que quien se mete en tales asuntos puede perder el sustento.

[726] El obispo de Sigüenza era entonces Alonso Carrillo; al año siguiente, en 1446, sucedería a Juan de Luna en el arzobispado de Toledo. Todos los mencionados apoyaban a Juan II.

[727] *cobijera*: camarera.

[728] *çimera*: parte superior del casco, frecuentemente adornada.

armado muy gentilmente,
se halló el de Benavente[729]
en esa escuadra terçera,
mas su gente regatera,[730]
malandantes campesinos,
como cobardes mezquinos
ficieron la perseguera.[731]
Di, Panadera.

Con lengua brava e parlera
y el coraçón de alfeñique,
el comendador Manrique[732]
escogió bestia ligera,
y dio tan gran correndera
fuyendo muy a deshora
que seis leguas en un hora
dexó tras si la barrera.
Di, Panadera. [...]

El de Olmedo cabeçera
que era el buen rey de Navarra,[733]
no se fue meter tras barra,
antes bien se combatiera,

---

[729] *el de Benavente*: Alonso de Pimentel, tercer conde Benavente.

[730] *regatera*: huidiza.

[731] *perseguera*: aunque relacionada con *perseguir*, aquí "escapada" o "espantada".

[732] Rodrigo Manrique, comendador de Segura de la Sierra y conde de Paredes, murió siendo maestre de Santiago. Con cualidades contrarias a las que aquí se esgrimen, es el protagonista de las célebres *Coplas* que le dedicó su hijo Jorge Manrique.

[733] El rey de Navarra era Juan I, uno de los célebres infantes de Aragón, primo del rey castellano, que luego fue rey de Aragón con el nombre de Juan II. Fue el padre de Fernando el Católico.

ca a un caballero asiera
al cual dio asaz cuchilladas,
que lo fizo mil tajadas
junto con una ribera.
Di, Panadera.

Con discreçión muy somera
más que con seso constante,
el ardid señor infante[734]
fue a dar de cabeçera
en la batalla primera
que delante se falló,
por lo cual no dudo yo
que su gente se perdiera.
Di, Panadera.

Con ardideza muy fiera,
según que fallo por rastro,
se lançó el conde de Castro[735]
en la suerte quel' cupiera
ardiendo como foguera
con cuatroçientos rocines,
mas ellos fueron tan ruines
que ninguno le acorriera.
Di, Panadera.

Por ir a la sementera,
la gente del almirante[736]

---

[734] *el ardid señor infante*: este astuto infante era don Enrique, hermano del anterior, que murió poco después de la batalla de Olmedo.

[735] *conde de Castro*: don Diego Gómez de Sandoval, que fue hecho prisionero en la batalla.

[736] El almirante de Castilla era Fadrique Enríquez, que también cayó preso sin que le socorrieran los suyos.

detrás dél, y no delante,
estaba cuando cayera,
aguardando la çaguera
d'espaldas en un barbecho,
alejados más que un trecho
de una piedra volandera.
Di, Panadera.

Fernando que prometiera
de Quiñones[737] por su amor
de ser muerto o vençedor,
fue muerto por la mollera;
la Virgen, procuradera
que es de todo hombre contrito,
ruegue a su Hijo bendito
que le dé gloria llenera.
Di, Panadera.

Fray Íñigo de Mendoza: Coplas de Mingo Revulgo[738]

77

Mingo Revulgo

–¡A la he,[739] Gil Arribato!
Sé qu'en fuerte hora allá echamos

---

[737] Fernando de Quiñones murió poco después a consecuencia de las heridas.

[738] Esta sátira se escribió en 1464, en pleno reinado de Enrique IV. Se ha discutido mucho sobre la autoría de esta obra; últimamente ha ganado fuerza la atribución a Fray Íñigo de Mendoza defendida por J. Rodríguez Puértolas. La estructura alegórica es sencilla: los pastores Mingo Revulgo y Gil Arribato discuten sobre la situación del rebaño regido por Candaulo (Enrique IV) y atacados continuamente por lobos (los nobles ambiciosos).

[739] *¡A la he!*: por mi fe.

cuando a Candaulo[740] cobramos
por pastor de nuestro hato:
ándase tras los zagales
por estos andurriales,
todo el día embebeçido,
holgazando sin sentido,
que no mira nuestros males.[741]
¡Oja, oja los ganados
y la burra con los perros
cuáles andan por los çerros,
perdidos, descarriados!
Por los santos te prometo
que este dañado baltrueto,[742]
que nol' medre Dios las çejas,[743]
ha dexado las ovejas
por folgar tras cada seto.
Allá por esas quebradas
verás balando corderos;
por acá muertos carneros,
ovejas abarrancadas,
los panes todos comidos,
y los vedados paçidos,
y aun las huertas de la villa:
tal estrago en Esperilla[744]
nunca vieron los naçidos.

---

[740] *Candaulo*: la elección de este nombre no es casual, pues Candaulo fue un rey de Lidia célebre por sus desmanes y vicios.

[741] Estos versos aluden a las inclinaciones homosexuales de las que acusaban a Enrique IV sus adversarios políticos.

[742] *baltrueto*: loco.

[743] *que nol' medre Dios las çejas*: que Dios no le guíe.

[744] *Esperilla*: España.

Oh, mate mala ponçoña
a pastor, de tal manera,
que tiene cuerno con miera[745]
y no les unta la roña;
ve los lobos entrar
y los ganados balar;
él, risadas en oíllo;
ni por eso el caramillo
nunca dexa de tocar.[746]
¿Sabes, sabes? El modorro
allá donde anda a grillos[747]
búrlanle los moçalvillos
que andan con él en el corro;
ármanle mil guadramañas:[748]
unol' saca las pestañas,
otrol' pela los cabellos;
así se pierde tras ellos
metido por las cabañas.
Uno le quiebra el cayado,
otro le toma el çurrón,
otrol' quita el çamarrón,
y él, tras ellos desbabado,
y aun al torpe majadero
que se preçia de çertero,
fasta aquella zagaleja,

[745] *cuerno con miera*: recipiente con un aceite para tratar la roña de las ovejas.

[746] *nunca dexa de tocar*: alusión a la acentuada afición de Enrique IV por la música.

[747] *anda a grillos*: pierde el tiempo con nimiedades. Nueva crítica al rey, a quien se califica luego de modorro.

[748] *guadramañas*: artimañas.

la de Nava Lusiteja,[749]
le ha traído al retortero.
Trae un lobo carnicero[750]
por medio de las manadas;
porque sigue sus pisadas
dize a todos qu'es carnero;
suéltalo de la majada:
desque da una ondeada
en tal hora lo compieça,
que si ase una cabeça
déxala bien estrujada.
La soldada que le damos
y aun el pan de los mastines
cómeselo con ruines,
¡guay de nos que lo pagamos!,
y nol' veo que ha medrado
de todo cuanto ha llevado
otros hatos ni jubones,
sino un çinto con tachones
de que anda rodeado.
Apaçienta el holgazán
las ovejas por do quieren;
comen yerba con que mueren,
mas cuidado non le dan;

[749] *la de Nava Lusiteja*: alusión a una dama lusitana; puede ser la segunda esposa del rey, Juana de Portugal, o alguna de las damas que vinieron con ella, recriminadas por su frivolidad en varias crónicas.

[750] *lobo carnicero*: se refiere a Beltrán de la Cueva, uno de los nobles encumbrados por el rey a pesar de su origen humilde. Los defensores de los derechos de Isabel a heredar el trono castellano le consideraban padre de Juana *la Beltraneja*.

non vi tal desque hombre só,
y aún más te digo yo:
aunque eres envisado,[751]
que no atinas del ganado
cúyo es nin cúyo no.[752]
Modorrado con el sueño
no lo cura de almagrar,[753]
porque non entiende dar
cuenta dello a ningún dueño,
cuanto yo no amoldaría
lo de Cristóbal Mexía,
ni del otro tartamudo,
ni del Meco, moro agudo;
todo va por una vía.[754]
¿No ves, neçio, las cabañas
y los çerros, y los valles,
los collados y las calles
arderse, con las montañas?
¿No ves cuán desbaratado
está todo lo sembrado,
las ovejas desparçidas,
las mestas todas perdidas,
que no saben dar recabdo?

---

[751] *envisado*: avisado, astuto.

[752] *cúyo es nin cúyo no*: cuál es suyo y cuál no. En el siglo XV el relativo posesivo *cuyo* también podía ser pronombre, función que tiene aquí; salvo en la lengua culta, hoy se utiliza poco y sólo como determinante de un sustantivo.

[753] *almagrar*: marcar una res con almagre.

[754] Estos últimos cuatro versos vienen a decir que en lo referente a la religión todo le da igual (*todo va por una vía*): *Cristóbal Mexía* es Cristo el Mesías; *el otro tartamudo* se refiere a Moisés; y *el Meco, moro agudo* debe de referirse a Mahoma, jugando con el nombre de la ciudad santa de los musulmanes.

Está la perra Justilla[755]
que viste tan denodada
muerta, flaca, trasijada;
jur'a diez,[756] que habriés manzilla:
con su fuerça e coraçón
cometíe al bravo león
y mataba el lobo viejo,
hora un triste de un conejo
te la mete en un rincón. [...]

Coplas del provincial[757]

78

Pues así la cosa va,
llamar quiero al dormitorio,
y será a todos notorio:
¡ah, fraile!, ¿quién está allá?
«Sodoma con Abirón[758]
y toda la sodomía,
fray don Pedro Girón,[759]

---

[755] *la perra Justilla*: referencia burlesca a la Justicia.

[756] *jur'a diez*: juro por Dios (locución eufemística).

[757] Compuestas en 1465 o 1466, constituyen un ataque directo y personal a muchas de las familias nobles castellanas. Bajo la alegoría de la visita de un provincial a un colegio de frailes y monjas, se va difamando con depravados vicios a muchas personas relevantes. A pesar del empeño de la Inquisición y las familias afectadas en acabar con las copias, el panfleto no dejó de divulgarse.

[758] *Abirón*: se rebeló contra Moisés camino de la Tierra Prometida; a él y a sus cómplices se los tragó la tierra.

[759] *Pedro Girón*: maestre de Calatrava y hermano de Juan Pacheco, ambos citados en las *Coplas* (c. XXII) de Manrique. Pedro Girón murió, quizá envenenado, pocos días antes de casarse con la infanta Isabel, la futura reina Católica.

don Beltrán[760] con su valía».
Veamos en este conclave
a fray Cristóbal Platero[761]
con tenazas, sello y llave
de todo falso minero,
y diciendo el Provincial,
si queréis saber sus mañas,
a Dios en cruz de metal
él le rayó las entrañas.
Vengamos a poner cobro,
don Álvar Pérez de Castro,[762]
que el ministro halla por rastro
que da de continuo a logro,
que tras un su paramento
le fue hallada cierta cuenta
que llevaba, y, mal contento,
por ciento, ciento y cincuenta.[763]
A ti, fray Diego Arias,[764] puto
que eres y fuiste judío,
contigo no me disputo,
que tienes gran señorío;
águila, castillo y cruz
dime de dónde te viene,

[760] *don Beltrán*: Beltrán de la Cueva, ya mencionado en el poema anterior.

[761] *Cristóbal Platero*: Juan de Valenzuela, prior de la orden de San Juan en Castilla, que era hijo de platero.

[762] *Álvar Pérez de Castro*: personaje poco relevante encumbrado por Enrique IV.

[763] *que llevaba... cincuenta*: se le acusa de usurero al cobrar un 150 por ciento de interés y no estar aún contento.

[764] Diego Arias Dávila, contador mayor de Enrique IV, era converso y se le acusa de seguir siendo judío.

pues que tu pija capuz
nunca la tuvo ni tiene:[765]
«El águila es de San Juan
y el castillo el de Emaús,
y en la cruz puse a Jesús[766]
siendo yo allí capitán».
García, ¿está acá tu padre?
¿a quién preguntáis por él?
¿a ti, qué dice tu madre?:
que eres hijo de Rusel,
y aún jura don Juan de Lerma[767]
que estando de ti preñada
te bautizó con su esperma
el prior de Mejorada.

Diego de San Pedro

79
Canción

El mayor bien de quereros
es querer un no quererme,
pues procurar de perderos
será perder el perderme.

No porque perdiendo's gano
lo que lastimó el perder,

[765] *pues... tiene*: como judío que es, se le acusa de estar circuncidado.

[766] Los elementos de su escudo se explican como elementos judíos en estos tres versos.

[767] *Rusel... Lerma*: Rusel (nombre judío) y Juan de Lerma no han sido identificados; quizá este último sea invención para rimar con *esperma.*

mas mi buen servir en vano
morirá, muerto el querer.
Assí que, viendo el no veros,
no será visto el no verme,
pues procurar de perderos
será perder el perderme.[768]

80

Otra de Diego de San Pedro a una señora a quien rogó que le besasse, y ella le respondió que no tenía culo[769]

Más hermosa que cortés,
donde la virtud caresce,
el culo, no le negués,
qu'en el gesto le tenés,
si en las nalgas os fallesce.[770]

Y si hay algún primor
para no tener ninguno,
yo digo que algún gordor
el coño y el salvhonor[771]
os ha hecho todo uno.

---

[768] Esta poesía ilustra muy bien hasta qué límites de conceptismo podía llegarse en las canciones trovadorescas, combinando unas pocas palabras abstractas y sus derivadas.

[769] El *Cancionero general* (Valencia, 1511) se cierra con una sección de "Obras de burlas provocantes a risa", un conjunto de poesías groseras y rijosas escritas por los mismos autores que escribieron poemas amatorios idealistas y sofisticados, y poemas de honda religiosidad; del *Cancionero general* esta y otras composiciones similares pasaron a otras recopilaciones derivadas y a algunos pliegos sueltos.

[770] *fallesce*: falta.

[771] *salvhonor*: referencia al ano, que recibía este nombre por cuanto podía preservar la virginidad.

Assí como Dueratón[772]
pierd'el nombre entrando en Duero,
assí por esta razón
perdió el nombre ell abispero
cuando entró en el coñarrón.

81

Otro [romance] *del mismo San Pedro, trocado por el que dize «Reniego de ti, Mahomad»*[773]

Reniego de ti, Amor,
y de cuanto te serví,
pues tan mal agradesciste
todo cuanto hiz por ti.
Hízete de firme fe
casa en el alma de mí;
por hazerme todo tuyo,
yo de mí me despedí.
Por ganar tus galardones
nunca yo libre me vi;
heziste mis enemigas
las mercedes de tu sí;[774]

---

[772] *Dueratón*: río que desemboca en el Duero en Peñafiel, en la provincia de Valladolid.

[773] Es una contrahechura del romance que dice:

> Reniego de ti, Mahoma / y de cuanto hize en ti.
> Hízete cuerpo de plata / pies y manos de un marfil;
> hízete casa de Meca / donde adorassen en ti,
> y por más te honrar, Mahoma / cabeça de oro te fiz.
> Sesenta mil cavalleros / a ti te los ofrescí,
> mi mujer, la reina mora, / te ofreció treinta mil.

[774] Dice irónicamente que "las mercedes de tu sí" (en realidad, su negativa) son sus enemigas, es decir, que le negó sus favores.

siempre vi por tus antojos
claro el mal que padescí.

Gómez Manrique

82

Canción

El que arde en biva llama,
sirviendo a quien le condena,
no puede, según es fama,
sentir la pasión ajena.

Yo padezco por amores
tan afortunadas penas,
que no siento las ajenas
cuitas de los amadores:
que cualquiera que bien ama
a quien su bien desordena,
no puede, según es fama,
sentir la pasión ajena.

Jorge Manrique

83

Otra obra suya dicha escala de amor

Estando triste, seguro,
mi voluntad reposava
cuando escalaron el muro
do mi libertad estava;
a escala vista subieron

vuestra beldad y mesura[775]
y tan de rezio hirieron
que vencieron mi cordura.

Luego todos mis sentidos[776]
huyeron a lo más fuerte,
mas ivan ya mal heridos,
con sendas llagas de muerte;
y mi libertad quedó
en vuestro poder cativa,
mas gran plazer ove yo
desque supe que era biva.

Mis ojos fueron traidores:[777]
ellos fueron consintientes,
ellos fueron causadores
que entrassen aquestas gentes,
que el atalaya tenían
y nunca dixeron nada
de la batalla que vían
ni hizieron ahumada.[778]

Después que ovieron entrado
aquestos escaladores,
abrieron el mi costado
y entraron vuestros amores,
y mi firmeza tomaron,

---

[775] El poeta se imagina que es una fortaleza en que la *beldad y mesura* de la dama escalan el muro de su libertad. Como se verá, el lenguaje militar acompaña toda la alegoría.

[776] Los sentidos, personificados, se repliegan en actitud defensiva.

[777] Son traidores porque el amor entra por la vista.

[778] *ahumada*: señales de humo.

y mi coraçón prendieron,
y mis sentidos robaron,
y a mí solo no quisieron.

Fin

Qué gran aleve[779] hizieron
mis ojos y qué traición:
por una vista que os vieron
venderos mi coraçón.

Pues traición tan conoscida
ya les plazía hazer,
vendieran mi triste vida
y oviera de ello plazer,
mas al mal que cometieron
no tienen escusación:
por una vista que os vieron
venderos mi coraçón.

84

Otras suyas porque estando él durmiendo le besó su amiga[780]

Vos cometistes traición
pues me heristes, durmiendo,
de una herida que entiendo
que será mayor passión
el desseo de otra tal

---

[779] *aleve*: traición.

[780] Nótese que la rúbrica es imprescindible para entender el significado del poema.

herida como me distes,
que no la llaga ni mal
ni daño que me hezistes.

Perdono la muerte mía;
mas con tales condiciones
que de tales traiciones
cometáis mil cada día;
pero todas contra mí,
porque de aquesta manera
no me plaze que otro muera
pues que yo lo merescí.

Fin

Más plazer es que pesar
herida que otro mal sana.
Quien durmiendo tanto gana
nunca deve despertar.

Juan Álvarez Gato

85

Porque los que servían a su amiga le venían a pedir consejo, no sabiendo que él la servía

Como ya mi mal es viejo
y sé mucho de dolores,
viénenme a pedir consejo
cuantos vos matáis d'amores.
No sabiendo que y'os sigo,
dízenme toda su gana,
su dolor, su desabrigo,

y contéceles comigo
como a los que van por lana.

Uno dice que os dessea
y que vos le amáis y os ama;
yo no sé si me lo crea,
mas assí suena la fama.
Ya paresce por razón,
si por obra lo ponéis,
no errava el coraçón
cuando dixe en mi canción:
Quiera Dios no me toquéis. [781]

Rodrigo Cota

Diálogo entre el Amor y un Viejo [782]

86

El Amor empieza a seducir al Viejo

Amor
En tu habla representas
que nos has bien conoscido.

El Viejo
Sí, que no tengo en olvido
cómo hieres y atormentas:
esta huerta destruida
manifiesta tu centella;

---

[781] Esta canción mencionada no se ha conservado.

[782] Cota es, junto con Mena, uno de los autores que Fernando de Rojas cita como posible autor del primer acto de *La Celestina*. Probablemente sea una más de las bromas de Rojas, pero la crítica ha descubierto importantes semejanzas entre la obra de Rojas y este diálogo.

dexa mi cansada vida,
sana ya de tu herida
más que tú de su querella.

Amor
Pues estás tan criminal,
hablar quiero con sossiego,
porque no encendamos fuego
como yesca y pedernal:
y pues soy Amor llamado,
hablaré con dulcedumbre,
recibiendo muy temprado
tu hablar tan denodado
en panes de dulcedumbre.

El Viejo
Blanda cara de alacrán,
fines fieros y raviosos,
los potajes ponçoñosos
en sabor dulce se dan:
como el más blando licor
es muy más penetrativo,
piensas tú con tu dulçor
penetrar el desamor
en que me hallas esquivo.

Las culebras y serpientes
y las cosas enconadas
son muy blandas y pintadas
y a la vista muy plazientes;
mas un secreto venino[783]

---

[783] *venino*: veneno (había de rimar con *adevino* y con *camino*).

dexando pueden llegar,
cual, según que yo adevino,
dexarías en el camino
que comigo quies llevar.

Amor
A la habla que te hago
¿por qué cierras las orejas?

Viejo
Porque muerden las abejas
aunque llegan con halago.

Amor
No me vayas atajando,
que yo, lo que quieres, quiero.

Viejo
Ni m'estés tú falagando,
que, aunque agora vienes blando,
bien sé qu'eres escusero.

87
El Viejo en brazos del Amor

El Amor
Abracémonos entramos,[784]
desnudos sin otro medio;
sentirás en ti remedio,
en tu huerta frescos ramos.

---

[784] *entramos*: entrambos.

El Viejo
¡Vente a mí, muy dulce Amor,
vente a mí, braços abiertos!
Ves aquí tu servidor,
hecho siervo de señor,
sin tener tus dones ciertos.

Amor
Hete aquí bien abraçado;
dime, ¿qué sientes agora?

Viejo
Siento ravia matadora,
plazer lleno de cuidado;
siento fuego muy crescido,
siento mal y no lo veo;
sin rotura estó herido;
no te quiero ver partido,
ni apartado de desseo.

Amor
Agora verás, don Viejo,
conservar la fama casta;
aquí te veré do basta
tu saber y tu consejo.
Porque con sobervia y riña
me diste contradición,
seguirás estrecha liña[785]
en amores de una niña
de muy duro coraçón.

---

[785] *liña*: línea (para rimar con *niña*).

Y sabe que te revelo
una dolorida nueva,
do sabrás cómo se ceva
quien se mete en mi señuelo.
Amarás más que Macías,
hallarás esquividad,
sentirás las plagas mías,
y fenescerán tus días
en ciega catividad.

¡Oh viejo triste, liviano!
¿Cuál error pudo bastar
que te havía de tornar
ruvio tu cabello cano?
¿Y essos ojos descozidos,[786]
qu' eran para enamorar?
¿Y essos beços[787] tan sumidos,
dientes y muelas podridos,
qu'eran dulces de besar?

[786] *descocidos*: escocidos.
[787] *beços*: labios.

88

Fray Ambrosio Montesino hizo estas coplas al destierro de Nuestro Señor para Egipto. Cántanse al son que dice: «a la puerta está Pelayo, / y llora»[788]

Desterrado parte el Niño,
y llora.
Díjole su Madre así,
y llora,
callad, mi Señor, agora.

Oíd llantos de amargura,
pobreza, temor, tristura,
aguas, vientos, noche escura,
con que va Nuestra Señora,
y llora;
callad, mi Señor, agora.

El destierro que sofrís
es la llave con que abrís
al mundo, que redimís,
la ciudad en que Dios mora,
y llora;
callad, mi Señor, agora.

No puede quedar en esto,
morirés, y no tan presto;
mas la cruz do serás puesto

---

[788] Fray Ambrosio Montesino fue uno de los poetas que pusieron de moda en la época de los Reyes Católicos tomar villancicos de temática profana, incluida su melodía, para componer con ellos versiones a lo divino.

me traspasa desde agora,
y llora;
callad, mi Señor, agora.

Callad vos, mi luz e aviso,
pues que vuestro Padre quiso
que seáis del paraíso
flor que nunca se desflora,
y llora;
callad, mi Señor, agora.

Esas lágrimas corrientes
que lloráis, tan excelentes,
son baptismo de las gentes,
que su partido mejora,
y llora;
callad, mi Señor, agora.

¡Oh gran Rey de mis entrañas,
cómo is[789] por las montañas,
huyendo a tierras extrañas
de la mano matadora!
Y llora;
callad, mi Señor, agora.

Este frío no os fatigue,
ni Herodes, que os persigue,
por el gran bien que se sigue
d'esta vida penadora,
y llora;
callad, mi Señor, agora.

---

[789] *is*: vais.

Por la ira herodiana
que sofrís, Hijo, de gana,
dais la gloria soberana
al que tal destierro adora,
y llora;
callad, mi Señor, agora.

Vos tomáis este viaje
por guardar el homenaje
que hecistes al linaje
de la gente pecadora,
y llora;
callad, mi Señor, agora.

Con su Hijo va huyendo,
ya cansado, ya temiendo,
ya temblando, ya corriendo
tras la fe, su guiadora,
y llora;
callad, mi Señor, agora.

Llora el Niño del hostigo,[790]
del agua y del desabrigo
con la Madre, que es testigo,
nuestra luz alumbradora,
y llora;
callad, mi Señor, agora.

¡Oh cuáles van caminando,
temiendo y atrás mirando
si los iba ya alcanzando

[790] *hostigo*: hostigamiento.

la gente perseguidora!,
y llora;
callad, mi Señor, agora.

A la Virgen sin mancilla
la verde palma se humilla,
en señal de maravilla,
que es del cielo emperadora,
y llora;
callad, mi Señor, agora.

Estando el Niño en sus brazos,
fajadillo de retazos,[791]
se hicieron mil pedazos
los ídolos[792] a deshora,
y llora;
callad, mi Señor, agora.

Fin

¡Oh si supieses, Egito,
cuánto ya eres bendito
por el tesoro infinito
que hoy en ti se tesora!
y llora;
callad, mi Señor, agora.

---

[791] *fajadillo de retazos*: vestido con retales.

[792] *ídolos*: se refiere a los dioses paganos de Egipto, mencionados un poco más adelante.

89

Canción

Ven, muerte, tan escondida
que no te sienta comigo,
porqu'el gozo de contigo
no me torne a dar la vida.

Ven como rayo que hiere,
que hasta que ha herido
no se siente su ruido,
por mejor hirir do quiere.
Assí sea tu venida;
si no desde aquí me obligo
qu'el gozo que havré contigo
me dará de nuevo vida. [793]

PEDRO DE CARTAGENA [794]

90

Otra suya, porque le dixeron unas damas que por qué dezía él y otros compañeros suyos que estavan tristes, qu'en su vestir publicavan el contrario, porque ivan vestidos de grana, y Cartagena responde por todos

No juzguéis por la color,
señoras, que nos cobría,
qu'a las vezes el amor

---

[793] Esta canción fue muy popular quizá por expresar mejor que otras la filosofía amorosa de la época.

[794] Descendía de las más prestigiosas familias castellanas de conversos y fue uno de los más brillantes poetas de los primeros años de los Reyes Católicos. Murió en el asalto de Loja, en 1486, con 40 años.

haze muestras d'alegría
con qu'encubre su dolor.
Por do nuestro colorado
en su ser será muy cierto
al sepulcro comparado,
que de fuera está dorado
y de dentro el cuerpo muerto.

91

Aquí comiençan las invenciones y letras de justadores,[795]
y tanbién lo que Cartagena dixo a algunas d'ellas,
declarando su parescer

Sacó el rey nuestro señor una red de cárcel, y dezía la letra:

Qualquier prisión y dolor
que se sufra es justa cosa,
pues se sufre por amor
de la mayor y mejor
del mundo, y la más hermosa.

Dize Cartegena sobr'ésta:

La red de cárcel primera
de nuestro señor el rey,
bien paresce darnos ley
su sentencia verdadera.

[795] Las *invenciones* eran formas literarias breves representadas por la combinación entre la *divisa* y la *letra*. La *divisa* aparecía bajo forma de *cimera* que iba sobre el casco de los caballeros. La iletra, como se aprecia en los dos ejemplos siguientes, viene a glosar o explicar la *divisa*.

92

Don Enrrique sacó una casa con cañados,[796] *y dixo:*

Si de mis secretos fueran
los cañados,
no podieran ser quebrados.
Dize Cartagena:

La casa con los cañados
del segundo justador,
no me paresce primor
de los bien enamorados.
Que muestra tener travados
tales secretos con quien
deviera, mirando bien,
no avisar los no avisados.

FLORENCIA PINAR[797]

93

Otra canción de la misma señora a unas perdizes que le embiaron bivas

D'estas aves su nación
es cantar con alegría,
y de vellas en prisión

---

[796] *añados*: candados.

[797] Con poco más de media docena de poemas, Florencia Pinar es la única voz poética femenina que presenta rasgos personales dentro de la nutrida nómina de poetas de cancionero. Nótese que sólo en la rúbrica se nombran las perdices –aunque su nombre se sugiere en el v. 10– y sin esa indicación esta canción apenas tiene sentido; también es relevante que en los bestiarios medievales la perdiz simboliza la lascivia y el deseo carnal.

siento yo grave passión,
sin sentir nadie la mía.

Ellas lloran que se vieron
sin temor de ser cativas,
y a quien eran más esquivas
essos mismos las prendieron.
Sus nombres mi vida son,
que va perdiendo alegría,
y de vellas en prisión
siento yo grave passión,
sin sentir nadie la mía.

JUAN DEL ENCINA[798]

94
Villancico

Ay triste, que vengo
vencido de amor
maguera[799] *pastor.*
Más sano me fuera
no ir al mercado
que no que viniera
tan aquerenciado:[800]

[798] Fue uno de los pocos poetas que consiguieron publicar su *Cancionero* particular en vida. Además conoció muchas reediciones, quizá porque contenía la letra de canciones y villancicos conocidos por u música. Su azarosa biografía y su extensa y variada obra –que incluye una interesante producción teatral y un libro de viajes– hacen de él uno de los más versátiles y sugerentes poetas de finales de la Edad Media.

[799] *maguera*: aunque.

[800] *aquerenciado*: enamorado.

que vengo, cuitado,
vencido de amor
maguera pastor.

Di jueves en villa
viera una doñata,
quise requerilla
y aballó la pata.
Aquélla me mata,
vencido de amor
maguera pastor.

Con vista halaguera
miréla y miróme.
Yo no sé quién era,
mas ella agradóme;
y fuese y dexóme
vencido de amor
maguera pastor.

De ver su presencia
quedé cariñoso,
quedé sin hemencia,[801]
quedé sin reposo,
quedé muy cuidoso,
vencido de amor
maguera pastor.

Ahotas[802] que creo
ser poca mi vida

[801] *hemencia*: vehemencia
[802] *ahotas*: ciertamente.

según que ya veo
que voy de caída.
Mi muerte es venida,
vencido de amor
maguera pastor.

Fin

Sin dar yo tras ella
no cuido ser bivo,
pues que por querella
de mí soy esquivo.
Y estoy muy cativo,
vencido de amor
maguera pastor.

94

Pues que jamás olvidaros
no puede mi coraçón,
si me falta galardón,
¡ay qué mal hize en miraros!

Será tal vista cobrar
gran dolor y gran tristura.
Será tal vista penar,
si me fallece[803] ventura.
Mas si vos, por bien amaros,
queréis darme galardón,
no dirá mi coraçón
¡ay qué mal hize en miraros!

---

[803] *fallece*: falta.

Garci Sánchez de Badajoz[804]

96
Villancico

Lo que queda es lo seguro,
que lo que conmigo va,
desseand'os morirá.

Mi ánima queda aquí,
señora, en vuestra prisión,
partida del coraçón
del dolor con que partí;
mas los ojos con qu'os vi,
y el cuerpo que n'os verá,
desseand'os morirá.

Los ojos que van comigo,
aquel que de vos los parte,
razón es que de mal arte
lo miren como a enemigo;
y el coraçón sin abrigo
del alma que queda acá,
desseand'os morirá.

---

[804] Es considerado uno de los mejores poetas de cancionero, tanto por la abundancia y variedad de su producción como por su calidad. Su figura legendaria se fundamenta en una novelesca y azarosa vida, cargada de experiencias amorosas, y sobre todo porque al parecer terminó enloquecido por una desdichada pasión.

ROMANCERO VIEJO

97

La derrota de don Rodrigo

Las huestes de don Rodrigo
desmayaban y huían,
cuando en la octava batalla
los enemigos vencían.
Rodrigo deja sus tiendas
y del real se salía;
solo va desventurado,
que no lleva compañía,
el caballo de cansado
ya mudar no se podía,
camina por donde quiere,
que no le estorba la vía.
El rey va tan desmayado
que sentido no tenía;
muerto va de sed y hambre
que de verle era mancilla,[805]
iba tan tinto[806] de sangre

---

[804] *mancilla*: lástima.

[805] *tinto*: teñido (sigue utilizándose como participio irregular de *teñir*).

que una brasa parecía.
Las armas lleva abolladas,
que eran de gran pedrería,
la espada lleva hecha sierra
de los golpes que tenía,
el almete,[807] de abollado,
en la cabeza se le hundía,
la cara lleva hinchada
del trabajo que sufría.
Subióse encima de un cerro,
el más alto que veía;
desde allí mira su gente
cómo iba de vencida;
de allí mira sus banderas
y estandartes que tenía,
cómo están todos pisados
que la tierra los cubría;
mira por los capitanes
que ninguno parecía;[808]
mira el campo tinto en sangre,
la cual arroyos corría.
El triste de ver aquesto
gran mancilla en sí tenía;
llorando de los sus ojos
de esta manera decía:
–Ayer era rey de España,
hoy no lo soy de una villa;
ayer villas y castillos,

[807] *almete*: especie de casco que cubría la cabeza.
[808] *parecía*: aparecía.

hoy ninguno poseía;
ayer tenía criados
y gente que me servía,
hoy no tengo una almena
que pueda decir que es mía.
¡Desdichada fue la hora,
desdichado fue aquel día
en que nací y heredé
la tan grande señoría,
pues lo había de perder
todo junto y en un día!
¡O muerte!, ¿por qué no vienes
y llevas esta alma mía
de aqueste cuerpo mezquino,
pues se te agradecería?

98

Romance que dicen «Abenámar, Abenámar»

–¡Abenámar, Abenámar,[809]
moro de la morería,
el día que tú naciste
grandes señales había!
Estaba la mar en calma,
la luna estaba crecida:
moro que en tal signo nace,
no debe decir mentira.
Allí respodiera el moro,

[809] La repetición del vocativo es muy habitual en los romances fronterizos.

bien oiréis lo que decía:
–Yo te la diré, señor,
aunque me cueste la vida,
porque soy hijo de un moro
y una cristiana cautiva;
siendo yo niño y muchacho
mi madre me lo decía:
que mentira no dijese,
que era grande villanía:
por tanto pregunta, rey,
que la verdad te diría.
–Yo te agradezco, Abenámar,
aquesa tu cortesía.
¿Qué castillos son aquellos?
¡Altos son y relucían! [810]
–El Alhambra era, señor,
y la otra la mezquita;
los otros los Alixares,
labrados a maravilla.
El moro que los labraba
cien doblas [811] ganaba al día,
y el día que no los labra
otras tantas se perdía.
El otro es Generalife,
huerta que par no tenía;
el otro Torres Bermejas,

[810] Debe advertirse la libertad con que se coordinan aquí, y se suceden en otros pasajes del romance, tiempos verbales distintos. La rima y el cambio de perspectiva no explican todos los casos.

[811] *doblas*: monedas de oro.

castillo de gran valía.
Allí habló el rey don Juan,
bien oiréis lo que decía:
–Si tú quisieses, Granada,
contigo me casaría;
daréte en arras y dote
a Córdoba y a Sevilla.
–Casada soy, rey don Juan,
casada soy, que no viuda;
el moro que a mí me tiene
muy grande bien me quería. [812]

99
Romance del prisionero

Por el mes era de mayo
cuando hace el calor,
cuando los enamorados
van a servir al amor,
sino yo, triste cuitado,
que vivo en esta prisión,
que ni sé cuándo es de día,
ni cuándo las noches son,
sino por una avecilla

[812] Las palabras de estos cuatro últimos versos son pronunciadas por la ciudad de Granada. En la poesía árabe es frecuente la personificación de las ciudades y quizá aquí podamos ver la influencia de esa tradición. Este diálogo imaginario con el rey Juan II, a quien la ciudad desdeña, viene fechándose el 27 de junio de 1431, fecha en que el monarca castellano llegó a divisar la Alhambra en compañía del infante moro Abenalmao, que luego sería su vasallo.

que me cantaba al albor.
Matómela un ballestero,
¡dele Dios mal galardón![813]

100
El conde Arnaldos

¡Quién hubiese tal ventura
sobre las aguas del mar,
como hubo el conde Arnaldos
la mañana de San Juan!
Con un falcón[814] en la mano
la caza iba a cazar;
vio venir una galera
que a tierra quiere llegar.
Las velas traía de seda,
la ejarcia[815] de un cendal;[816]
marinero que la manda
diciendo viene un cantar
que la mar facía en calma,
los vientos hace amainar;
los peces que andan nel hondo,[817]
arriba los hace andar;
las aves que andan volando,

[813] Aunque hay versiones largas de este romance que ofrecen el final de la historia, las más breves han tenido mucho mayor éxito, debido sin duda a ese final tan extraordinariamente sugeridor.
[814] *falcón*: halcón.
[815] *ejarcia*: jarcia, aparejo de los barcos.
[816] *cendal*: tela muy fina, de seda o lino.
[817] *nel hondo*: en el fondo.

nel mástil las faz posar.
Allí fabló el conde Arnaldos,
bien oiréis lo que dirá:
–Por Dios te ruego, marinero,
dígasme ora ese cantar.
Respondióle el marinero,
tal respuesta le fue a dar:
–Yo no digo mi canción
sino a quien conmigo va.[818]

---

[818] La interrupción brusca del final, como en el anterior y en tantos romances, contribuye a lograr la especial belleza de estos versos. Adviértase que la *ventura* del conde es haber oído la canción, cuyos poderes mágicos impregnan todo el poema y acaban cazando a quien precisamente iba a cazar. Por otro lado la mañana de San Juan está llena de ecos en la poesía popular.

Lírica tradicional

101

Tres morillas me enamoran
en Jaén:
Axa y Fátima y Marién.

Tres morillas tan garridas
iban a coger olivas,
y hallábanlas cogidas
en Jaén
Axa y Fátima y Marién.

Y hallábanlas cogidas
y tornaban desmaídas
y las colores perdidas
en Jaén
Axa y Fátima y Marién.

Tres moricas tan lozanas
iban a coger manzanas,
y cogidas las hallaban
en Jaén
Axa y Fátima y Marién.

102

Dentro en el vergel
moriré,
dentro en el rosal
matarme han.

Yo me iba, mi madre,
las rosas coger,
hallé mis amores
dentro en el vergel.
Moriré.
Dentro en el rosal
matarme han.

103

Enviárame mi madre
por agua a la fonte fría:
vengo del amor ferida.[819]

104

Al alba venid, buen amigo,
al alba venid.

Amigo, el que yo más quería,
venid al alba del día.

---

[819] En la poesía tradicional castellana, lo mismo que en la gallego-portuguesa, la fuente y el arroyo son lugares privilegiados para el encuentro amoroso.

(Amigo el que yo más quería,
venid a la luz del día).

Amigo al que yo más amaba,
venid a la luz del alba.

Venid a la luz del día,
Non trayáis compañía.

Venid a la luz del alba,
Non traigáis gran compaña. [820]

105

A sombra de mis cabellos
se adurmió:
¿si le recordaré yo?

106

Ya cantan los gallos,
buen amor, y vete,
cata [821] que amanece.

107

No quiero ser monja, no,
que niña namoradica so. [822]

---

[820] Por las acompasadas repeticiones y por el uso de la sinonimia, esta poesía recuerda a las cantigas de amigo gallego-portuguesas.

[821] *cata*: mira.

[822] La mayoría de estas cancioncillas tradicionales están tomadas del *Cancionero musical de Palacio*, recopilado en sucesivas etapas entre 1505 y 1520.

108

Si te vas a bañar, Juanica,
díme a cuáles baños vas.

Si te vas a bañar al río
o a algún rosal ombrío,
dímelo agora, amor mío,
porque allí me hallarás.
Díme a cuáles baños vas.

Si te vas a alguna huerta,
o a alguna fuente cierta,
¡ay!, no me cierres la puerta
porque vea cómo estás.
Díme a cuáles baños vas.

109

No me las enseñes más
que me matarás.

Estávase la monja
en el monesterio,
sus teticas blancas
de so el velo negro,
Más
que me matarás.

110

En Ávila, mis ojos.
Dentro en Ávila.

En Ávila del Río
mataron a mi amigo,
dentro en Ávila.

¡Llorad las damas, si Dios os vala!
Guillén Peraza quedó en La Palma,
la flor marchita de la su cara.

No eres palma, eres retama,
eres ciprés de triste rama,
eres desdicha, desdicha mala.

Tus campos rompan tristes volcanes,
no vean placeres, sino pesares;
cubran tus flores los arenales.

Guillén Peraza, Guillén Peraza,
¿dó está tu escudo, dó está tu lanza?
Todo lo acaba la malandanza.[823]

[823] Quiero cerrar la antología con estas hermosas *Endechas a la muerte de Guillén Peraza*. Este caballero, de noble familia sevillana, murió en la flor de la edad en la isla canaria de La Palma entre 1445 y 1448. La pieza debió de componerse al poco tiempo de morir el joven guerrero y la memoria de estos versos, como recuerda el cronista Abreu galindo que las copió a finales del siglo XVI, se mantuvo hasta entonces. están escritas en decasílabos agrupados en trísticos monorrimos, característicos de las endechas canarias. por ser versos compuestos, con cesura tras la quinta sílaba, el pomea se ha interpretado a veces como un romancillo pentasilábico. El lector interesado puede profundizar en el conocimiento de estas endechas con ayuda del estudio de Francisco Rico recogido en su obra *Texto y contextos* 8Barcelona, Crítica, 1990).

Índice de contenidos

1. Poesía hispanolatina
Cancionero de Ripoll 54

2. Jarchas mozárabes 60

3. Lírica gallego-portuguesa
Pay Gómez Charinho 63
Meendinho 65
Martín Codax 66
Ayras Nunes 67
Pero Meogo 68
Nuno Fernández Torneol 69
Don Denís 70
Alfonso X 71

4. Lírica catalano-provenzal
Guillem de Berguedà 78
Ausias March 82

5. Juglaría
Cantar de Mio Cid 88
Cantar de Roncesvalles 99
Mocedades de Rodrigo 104

6. Poemas hagiográficos y debates
Vida de Santa María Egipcíaca 106
Razón de amor 112

Elena y María 119
Revelación de un ermitaño o disputa del cuerpo e del ánima 126

7. Clerecía
Libro de Alexandre 133
Gonzalo de Berceo 140
Libro de Apolonio 154
Poema de Fernán González 158
Cantar del rey don Alonso 165
Arcipreste de Hita, *Libro de Buen Amor* 167
Pero López de Ayala, *Rimado de palacio* 183
Sem Tob, *Proverbios morales* 193

8. Poesía de Cancionero
Macías 196
Alfonso Álvarez Villasandino 198
Francisco Imperial 201
Ferrán Sánchez Talavera 204
Juan Rodríguez del Padrón 207
Marqués de Santillana 209
Juan de Mena 220
Pere Torroella 226
Antón de Montoro 231
Carvajal 233
Danza general de la muerte 237
Coplas de la Panadera 241
Fray Íñigo de Mendoza, *Coplas de Mingo Revulgo* 246
Coplas del provincial 251
Diego de San Pedro 253
Gómez Manrique 256
Jorge Manrique 256
Juan Álvarez Gato 259
Rodrigo Cota 260
Fray Ambrosio Montesino 265

Comendador Escrivá 269
Pedro de Cartagena 269
Florencia Pinar 271
Juan del Encina 272
Garci Sánchez de Badajoz 275

9. Romancero viejo 276

10. Lírica tradicional 283